Spielraum für Wesentliches

Impressum

Die Deutsche Bibliothek – CIP Titelaufnahme
Ein Titeldatensatz für diese Publikation ist bei Der Deutschen Bibliothek erhältlich.

© 2. überarbeitete Auflage 2002
BW Bildung und Wissen
Verlag und Software GmbH
Südwestpark 82
90449 Nürnberg
Tel 0911 / 9676-175
Fax 0911 / 9676-189
E-Mail : serviceteam@bwverlag.de
http://www.bwverlag.de

Textredaktion: Vera Eichholz-Rhode
Titelfotos: Thomas von Salomon
Umschlaggestaltung: Ute Popp
Layout und Satz: Markus Weber
Druck: Holtz Druck AG, Neudrossenfeld

Alle Rechte vorbehalten.
Für Vollständigkeit, Fehler redaktioneller oder technischer Art, Auslassungen usw. kann – auch wegen der schnellen Veränderung in Gesellschaft und Bildung, Wirtschaft und Technik – keine Haftung übernommen werden.

ISBN 3-8214-7614-1

Christian Maier

Spielraum für Wesentliches

INNER GAME –
ein Weg zur Entdeckung der eigenen Potenziale

Inhaltsverzeichnis

Vorwort zum Danachlesen 7

Eine Art Einführung 9
Wer hat es geschrieben? 10
Worum geht es? 11

Spielraum für Wesentliches 13
Das Spiel mit den Möglichkeiten 16
Fehler sind out 19
Warum sich Erfolg nicht vermeiden lässt 22
Aha 28
Keine Antworten ohne Fragen 32
Wahrnehmung erweitern 40
Lust auf Veränderung 44
Die Erotik des Versagens 48
Der Fluch der Kreativität 53
Erst lassen, dann tun 56
Exzellenz statt Perfektion 59
Selbstvertrauen als Erfolgsfaktor 65
Kreation statt Reaktion 67
Sinnvolle Zeitverschwendung 71
Ich komm raus! 75

Der dritte Ball 76
Wer jonglieren muss, sollte jonglieren können! 76
Die Kunst des Loslassens 80
Jeder jongliert, wie er lebt 85
Die Geheimnisse des dritten Balls 88
Der dritte Ball ist leicht 89
Der dritte Ball ist rund 91
Den dritten Ball gibt es nicht! 93
Das Wesen des dritten Balls 96
Die Entdeckung der Leichtigkeit 100
Jonglieren als Übungsweg 104

Inner Game und Lernen wird zum Erlebnis 111
Die Geschichte von Inner Game 113
Meine Begegnung mit Inner Game 115
Was ist Inner Game? 118
Wie funktioniert Inner Game? 121
Lernen im Einklang mit der Natur 126
Die Rolle des Lehrers 130
Die Rolle des Schülers 141
Inner Game Aktivitäten 150
Ins Schwarze treffen – Bogenschießen 151
Was soll zurückkommen? – Bumerang 155
Ein Leben mit Handicap – Golf 158
Ich krieg die Kurve – Ski fahren 164
Sicherheit in der Unsicherheit – Seiltanzen 169
Im Fluss sein – Schwimmen 172
Treffendes Gefühl – Tennis 175
Dreiklang, Zweiklang, Einklang – Klavier spielen 179
Inner Game und Zukunft 183

Unternehmen bewegen sich 184
Ist es denn die Möglichkeit... 184
Die spielend lernende Organisation 188
Keine Führung ohne Kraft 192
Miteinander statt durcheinander 195
Erfolg, der von innen kommt 198
Energie vor Tagesordnung 200
Fragen – Bewegen – Beteiligen 202
Kein Schluss – ein Anfang 209

Anhang 210
Abgrenzungen: Herkömmliches Lernen
und Inner Game 210
Seminare mit Inner Game 212
Über den Autor 214

Literaturliste 215

Vorwort zum Danachlesen

Dieses Buch ist nicht einfach geschrieben worden, indem sich in meinem Kopf Bilder in Worte und Sätze umsetzten. Es hat eine lange Geschichte und ist der Extrakt vieler Einflüsse, äußerer wie innerer. Wir sprechen dabei auch vom äußeren und inneren Spiel. Zu dem „Wir" und zur Entstehungsgeschichte möchte ich Ihnen etwas erzählen. Da es nicht direkt mit dem Inhalt des Buches zusammenhängt, können Sie es auch später oder gar nicht lesen. Mir ist es einfach ein Anliegen, den Weg und die Wegbegleiter zu benennen.

Entstanden ist die Idee für dieses Buch vor über zehn Jahren. Es gab mehrere Anläufe, so manchen Titel nebst Gliederung und viele beschriebene Seiten. Mein Anliegen war aufzuzeigen, dass Lernen viel leichter sein kann als es allgemein angenommen wird. Aber der Schlüssel, die richtige Form ließ auf sich warten. Also wartete ich entspannt auf den richtigen Zeitpunkt.

Wenn man wie ich nicht von Beruf Autor ist, macht man ja noch andere Dinge. So beschäftigte ich mich in dieser Zeit auf verschiedenste Weise mit der Frage, was das Leben, das Lernen, das Arbeiten leichter macht. Auch wenn es dabei viele Zweifel und Rückschläge gab, ist es doch so, dass die Beschäftigung mit einem Thema zwangsläufig dazu führt, dass man anderen Menschen begegnet, die ähnliche Interessen haben. Man tauscht sich aus, lernt sich kennen und lernt vor allem voneinander.

Bedanken möchte ich mich in diesem Zusammenhang besonders bei Dr. Roberto Buner und Kurt Wiederkehr, bei denen ich die ersten Erfahrungen und Erlebnisse mit der faszinierenden Lernmethode Inner Game machte. Frank Pyko trug in den Jahren darauf wesentlich dazu bei, dass Inner Game heute eine bewährte und erfolgreiche Methode im Bereich Managementtraining geworden ist. Das führte schließlich zu unserer gemeinsamen Firma Imfluss, der mittlerweile eine Reihe von Menschen angehören, die in der Praxis damit arbeiten und ebenfalls wertvolle Impulse für dieses Buch gegeben haben. Diese meine ich, wenn ich von „wir" spreche.

Bedanken möchte ich mich auch bei meinen Lebenslehrern, Menschen aus aller Welt, deren Wege sich in verschiedener Form mit meinen kreuzten und die mir dabei halfen, Erkenntnisse zu gewinnen und umzusetzen. Dazu gehören: Reiner, Lisa, Matthias, Kathrin, Sabine, Sybille, Markus, Uli, Isa, Yolanda, Benjamin, Philip, Hans-Jürgen, Batty, Rose, Manfred, Günter, Frank, Jürgen, Michael, Gabrielle, Jay, Paul, Joel, Kai, Herbert, Frederic, Hermann, Carlos und andere.

Ermöglicht haben die Entwicklung dieser Arbeit schließlich aufgeschlossene Unternehmen, die wirklich bereit sind, neue Wege zu gehen, und nicht nur darüber reden. Zu diesen Unternehmen gehören unter anderem: Siemens, Lufthansa, Schering, Bechtle, ABB, Daimler-Chrysler, VW, CSC Ploenzke, Debis, Telekom, Allianz und Tegut.

Als das Buch schließlich Form annahm, war es Vera Eichholz-Rhode, die mir beim Verfassen durch den Dschungel der deutschen Sprache half.

Vor allem bedanken möchte ich mich bei meiner Frau Sybille. Nicht nur, weil sie wie viele Frauen ihren Mann unterstützt, indem sie die Familie, die vier Kinder, das Haus managt. In meinem Fall war und ist sie meine beste Beraterin, hat mich ermuntert, mir geholfen und mich in vielem herausgefordert. Vieles von dem, was ich niedergeschrieben habe, ist von ihr bzw. hätte ohne sie nicht diese Reife und Tiefe gefunden.

Zuletzt bedanke ich mich auch noch bei mir selbst! Dafür, dass ich das Buch endlich geschrieben habe, und damit in mir Platz für Neues geschaffen habe und mich nun voll meiner Arbeit widmen kann, Menschen dabei zu unterstützen, es sich leichter zu machen.

Christian Maier, Juli 2000

Eine Art Einführung

Das Buch „Spielraum für Wesentliches" zeigt Wege auf, sich auf spielerische Weise dem eigenen Potenzial anzunähern, zu erkennen, was sich innerlich abspielt, während wir äußerlich etwas tun. Es richtet sich an Menschen, die genug haben von immer neuen Erfolgsrezepten, die feststellen, dass noch so viel äußere Aktivität nicht vor innerer Leere bewahrt, sondern dass wir Wesentliches in uns selbst tragen und es spannend ist und Spaß macht, es zu entdecken.

Sie finden teils ernste, teils lustige, aber greifbare Impulse, die Sie in Ihrem Leben, beim Arbeiten oder beim Lernen erproben können. Das Buch wendet sich an alle, die verändern können und wollen und den Weg der Leichtigkeit dem der Schwere vorziehen.

Das Besondere in Kurzform:

- Spielen beschleunigt Lern- und Arbeitsprozesse.
- Die Methode Inner Game führt zu überraschenden Lernerlebnissen.
- Sie lernen jonglieren, mit drei Bällen und dem Leben!

Neugierig? Dann machen Sie es sich leicht und folgen Sie Ihren Impulsen. Das Buch eignet sich, um überall zu beginnen, zum Beispiel mit dem Kapitel „Aha"!

Viel Spaß!

„Nichts ist einfacher, als es sich schwer zu machen!"
Inner Game Weisheit

Wer hat es geschrieben?

Ich bin 43 Jahre alt, verheiratet und habe vier Kinder. Nachdem ich in einer kleinen Stadt am Rande des Schwarzwaldes aufgewachsen war und dort bis zum Abitur das Gymnasium besucht hatte, führte mich mein Betriebswirtschaftsstudium nach Frankfurt, London und Paris und der daran anschließende Zivildienst in die Kinderpsychiatrie nach Freiburg.

Als Suchender nach dem Leichten stellte ich fest, dass vieles, was mir begegnete, von so genannten Spezialisten schwer gemacht wird. Ich wollte es anders machen und gründete schließlich einen Verlag, der Bücher und Cassetten für leichteres Lernen (Superlearning) herstellte.

Da konnte ich an verschiedenen Dingen ausprobieren und erleben, dass Lernen sehr viel leichter sein kann, als allgemein angenommen wird. Ich schrieb Lernprogramme und das Buch „Erfolg durch Superlearning" (erschienen 1987). Die Leichtigkeit des Lernens erlebte ich auch beim Klavierspielen und der Komposition von Entspannungsmusik sowie bei Sportarten wie Skifahren, Tennis und anderen.

Mittlerweile widme ich mich seit einigen Jahren dem Bereich des Lehrens. Als Managementtrainer begegne ich dabei den unterschiedlichsten Berufsgruppen und Anliegen: Teams wollen besser zusammenarbeiten, Führungskräfte wollen ihre Mitarbeiter bewegen, sich selbst zu bewegen, Verkäufer wollen offener und direkter kommunizieren, Lehrer mehr Resonanz im Unterricht oder Suchende mehr Klarheit für ihren Weg. Allen gemeinsam ist die gleiche Fragestellung: „Was macht mir das Erreichen meiner Ziele einfacher?" Und dahinter steckt die Zusatzfrage „Wie kann ich dabei mehr ich selbst sein?"

Die Hauptantwort darauf findet sich nicht in äußeren Rezepten, sondern in der Erweiterung der eigenen Wahrnehmung, im Erkennen und Abbau vorhandener Grenzen und in der kreativen Gestaltung und Erweiterung der eigenen Spielräume. Hier boten sich mir in der Begegnung mit dem Lern- und Denkansatz Inner Game viele wertvolle Schlüssel, die schließlich zu meinem jetzigen Betätigungsfeld als Leiter des Inner Game Institutes und als Vorstand der Imfluss AG führten.

Worum geht es?

Mein Anliegen ist, dazu beizutragen, dass wir uns die Dinge so leicht machen, wie es ihnen angemessen ist. Es geht dabei vor allem darum, den Blick von außen nach innen zu wenden und das zu mobilisieren, was ohnehin vorhanden ist.

In diesem Kontext geht es im vorliegenden Buch um den Umgang mit Herausforderungen, um Veränderungen, um Erfolg. Es geht um Dinge, die zu lernen sich lohnen und solche, die wir besser wieder verlernen sollten. Es geht um das, was wir wirklich wollen, um das, was sich in uns abspielt – unser inneres Spiel – und darum, wie es sich auswirkt – unser äußeres Spiel. Es geht ums Spielen und Arbeiten, ums Verändern und Bewahren, ums Loslassen und Festhalten. Es geht auch ums Jonglieren, sei es mit Herausforderungen oder Bällen.

Inneres Spiel steht mit dem Begriff Inner Game für eine Methode, die mit körperlich-spielerischen Aktivitäten zu geistigen Erkenntnissen verhilft. Anders als bei üblichen Vorgehensweisen werden Sie beim Inner Game darin unterstützt, Ihr vorhandenes Potenzial gezielt zu nutzen und zur Entfaltung zu bringen und nicht, irgendwelchen Idealbildern nachzueifern. Sie entdecken mit Freude den Ihnen eigenen Weg, leben gemäß Ihrer Einzigartigkeit und entwickeln sich zu einem Meister, der übt.

Inner Game steht aber auch einfach für unser inneres Spiel. Dieses hat weitaus größere Auswirkungen auf unser äußeres Tun, als uns bewusst ist, und zwar sowohl im Positiven wie im Negativen. Denn auch wenn wir es nicht wahrnehmen, ist es doch vorhanden, so wie wir Knochen haben, die wir auch nicht spüren, die aber dennoch da und vor allem auch sehr wichtig sind.

Die in diesem Buch beschriebenen Erfahrungen und Erkenntnisse sind zum größten Teil aus der Arbeit mit Menschen entstanden. Auch mein persönliches inneres Spiel fließt mit in das Buch ein. So wurde ich beim Schreiben mancher Passagen in diesem Buch selbst zum überraschten Beobachter dessen, was da gerade entstand. Es schrieb sich quasi aus mir heraus. Daraus wurde ein Mix aus sachlichen Beschreibungen, erlebnisorientierten Erzählungen und heiteren bis ernsten Geschichten, die so tatsächlich passiert sind oder hätten passieren können.

Der dritte Ball steht als Synonym für das Loslassen, sei es von begrenzenden Vorstellungen, sei es von lästigen Gewohnheiten. Beim Jonglieren ist das der Moment, in dem Vertrauen Kontrolle ersetzt, in dem der Blick für das Ganze das Verfolgen der Einzelteile ablöst, der Moment, in dem alles in Fluss kommt. „Ich jongliere" wird zu „Es jongliert" und ich bin dabei gelassener Akteur und Betrachter gleichermaßen. Aber Sie können selbstverständlich das Buch auch ohne zu jonglieren lesen, da es sich dabei in erster Linie um eine Metapher handelt.

Heute weiß ich, wie leicht lernen sein kann und was es braucht, um sich sein volles Potenzial zu erschließen. Ich weiß aber auch, wie schwer wir es uns machen, teils aus Gewohnheit, teils weil es uns so beigebracht wurde, und wie fest daher die Vorstellung sitzt, dass Lernen und Arbeiten anstrengend sein muss.

Dem ist nicht so!

Ich möchte Sie mit diesem Buch einladen, auf spielerisch-leichte bis ernsthaft-amüsante Weise mit neuen Möglichkeiten zu spielen, Dinge aus anderen Blickwinkeln zu betrachten und sich auch einmal zu erlauben, eingefahrene Wege zu verlassen.

Was meinen Sie, ist das Buch etwas für Sie?

Spielraum für Wesentliches

„Bei einem Spaziergang durch den Wald sieht ein Wanderer einen Holzfäller, der sich redlich müht, Bäume zu sägen. Als er näher kommt, sieht er, dass die Säge stumpf ist. Er schaut eine Weile zu, dann fragt er den Waldarbeiter, warum er die Säge nicht schärfe. Guter Mann, sagt dieser, sehen Sie diesen Wald? Das alles muss ich noch sägen, ich habe gar keine Zeit, auch noch die Säge zu schärfen."
Lothar J. Seiwert

Das Verhalten des Waldarbeiters ist offensichtlich absurd, da er viel Zeit sparen könnte, wenn er die Säge schärfen würde. Aber er tut es nicht, weil er es nicht für wesentlich hält. Er ist so in seinem Tun gefangen, dass er keinen Überblick mehr hat. Das hat nichts mit Dummheit oder Absicht zu tun, und das war auch nicht immer so. Er hat durch ständiges Tun das Wesentliche aus den Augen verloren. Er hat somit keinen Spielraum mehr, um Wesentliches von Unwesentlichem zu unterscheiden. Da bleibt nur noch die Flucht nach vorne, in Richtung Tun und noch mehr Tun. Irgendwann wird daraus eine Gewohnheit, und sollte er jemals junge Kollegen einarbeiten, so wird er das vermutlich mit stumpfen Sägen tun!

Nehmen Sie auch gelegentlich stumpfe Sägen? Gibt es Dinge in Ihrem Leben, die Sie für wesentlich halten und dennoch nicht tun? Vermutlich ja, denn das ist bei uns Menschen nun einmal so, und gleichzeitig ist das eine der großen Herausforderungen, die anzugehen für Wachstum und Lebendigkeit sorgt. Aber um sich diesem Wesentlichen anzunähern, um herauszufinden, was für Sie wesentlich ist, braucht es Spielraum. Umgekehrt sorgt das Wesentliche wiederum für neuen Spielraum und Sie verlieren es somit nicht mehr so leicht aus den Augen! Kompliziert? Keine Zeit oder Lust, darüber nachzudenken? Dann sägen Sie weiter, auch das ist O.K., denn den Bäumen ist es egal, ob sie mit einer stumpfen oder scharfen Säge abgesägt werden!

Wann haben Sie sich zum letzten Mal die Frage gestellt, was Ihnen wirklich wichtig ist? Und zwar Ihnen ganz persönlich, unabhängig von Konventionen, von Normen und von Gewohnheiten. Gehen Sie in Gedanken einfach einmal zehn Jahre zurück und erinnern Sie sich an Ihre Wünsche und Träume von damals. Wie viel davon ist bis heute Wirklichkeit geworden? Welche Wünsche von damals würden Sie heute als naiv bezeichnen? Wie sieht es mit Ihrer Lebendigkeit damals und heute aus? Wie frei fühlen Sie sich? Was war Ihnen damals wesentlich? Was davon ist Ihnen heute noch wichtig?

Sich darüber klar zu werden, was wesentlich ist, und sich immer wieder von neuem diese Frage zu stellen, ist aus verschiedenen Gründen von großer Bedeutung:

- Wesentlich ist nur, was für Sie wesentlich ist, zunächst unabhängig davon, wie das für andere ist.

- Wesentliches macht das Leben und die Arbeit leichter, klarer und treffender.

- Wesentliches gibt Kraft.

- Wesentliches macht mutig.

- Wesentliches ist einfach.

Sie kennen sicher Momente, in denen Sie genau wussten, was Sie wollten, in denen keinerlei Zweifel und Fragezeichen Ihre Überlegungen beeinträchtigten. Es war für Sie wesentlich, etwas zu tun, und Sie taten es. Dass es dabei äußere Hürden gab, hat Sie nicht daran gehindert.

Viele Menschen möchten aber ihre Sägen nicht schärfen. Sie denken „Das war doch immer so, ich bin zufrieden mit dem, was ich habe, und mehr zu wollen, wäre doch geradezu anmaßend".

In vielen Seminaren und Workshops zeigt sich immer wieder verblüfftes Innehalten, wenn festgestellt wird, dass keiner weiß, was eigentlich wesentlich ist. Oft sind nicht mal mehr die Ursprünge von Maßnahmen herauszufinden. Es wird gehandelt und zwar so viel und so lange, dass kaum noch einer weiß, warum eigentlich, was aber auch keine Rolle spielt, weil es in all der Geschäftigkeit sowieso keinem anderen auffällt. Dabei wissen nahezu alle, wenn sie sich doch mal einen Moment Zeit nehmen, dass so manches völlig anders laufen müsste.

Ich möchte Sie nun einladen, unbescheiden zu sein und sich auf die Suche danach zu machen, was für Sie wesentlich ist. Unbescheiden heißt auch, dass Sie es direkt und ohne Umwege angehen. Um beispielsweise auf die andere Seite eines Baumes zu kommen, gehen Sie um ihn herum oder Sie fällen ihn, falls sonst kein Durchkommen ist. Übertragen auf das Leben wählen viele Menschen einen anderen, einen indirekten Weg, den Um-Zu-Weg. Dabei tun sie Dinge, die sie immer weiter vom Ziel wegführen. Sie klettern den Baum hinauf, schlagen sich mit Ästen herum, verlieren im Wipfel den Halt und kommen schließlich nach langer Zeit wieder unten an um festzustellen, dass das Ziel nicht mehr stimmt oder man gar nicht mehr weiß, welches es eigentlich war. Aber man hat klettern gelernt, also klettert man auf den nächsten Baum. Und wenn jemand einfach um die Bäume herumgeht, wird er schief angeschaut!

Spielraum für Wesentliches ist nicht zu verwechseln mit grenzenlosem Spielraum. Stellen Sie sich ein Fußballspiel ohne Regeln, ohne Spielfeld vor. Spielraum bedeutet, einen Raum zu haben, der Ihnen in Bezug auf das eigene Thema genug Denk- und Handlungsspielraum lässt, innerhalb dessen Sie sich wohl fühlen und gut bewegen können, in dem Sie genug Platz für Ihre Wünsche und Vorstellungen haben und Sie sich mit Ihrem Potenzial entfalten können.

„Ein Mensch sucht Arbeit. Er findet keine Arbeit. Da verhungert er! Moral: Wenn du Hunger hast, such nach Essen!"
Inner Game Weisheit

Das Spiel mit den Möglichkeiten

Um seinen Spielraum zu erweitern ist es entscheidend, ihn überhaupt zu erkennen. Besonders wichtig ist es, erst einmal Möglichkeiten zu finden, wie man seinen Spielraum erweitern kann, bevor man sich entscheidet, welche man davon nutzt. Das ist ein äußerst kreativer Prozess, da wir dabei unsere Denkgrenzen verlassen. Denn meistens gibt es weitaus mehr Möglichkeiten als die, die sich unmittelbar zeigen. Ein Ziel dabei ist, sich Bereiche zu eröffnen, die sich bisher verschlossen haben.

Mit Möglichkeiten zu „spielen", ohne diese gleich zu verwerfen oder sich auf welche festzulegen, wird, wenn man erst einmal Geschmack daran gefunden hat, zu einem Fundus für neue Ideen, Ansätze und Wege. Meist wird im Alltag mangels Zeit dieser wertvolle Schritt ausgelassen. Selbst die Frage nach dem Wohin und Woher wird oft nur gestreift. Unsere Gesellschaft orientiert sich hauptsächlich am konkreten Tun, an der zielgerichteten Aktivität. Jemand, der etwas tut, ist aktiv, er arbeitet. Jemand, der vor sich hin sinniert, ist faul, arbeitet nicht. Dass aber genau dieses scheinbare Nichtstun, dieser Klärungsprozess und schließlich das ausgiebige Spiel mit Möglichkeiten ganz neue, effektive oder auch schnellere Wege aufzeigt, ist uns aufgrund unserer langjährigen Gewohnheit, zu tun statt zu denken, noch zu wenig im Bewusstsein.

Die folgenden Kapitel zeigen verschiedene Möglichkeiten auf, an Fragestellungen heranzugehen. Sie sind teils lustig, teils ernst, teils realistisch, teils unrealistisch. Das eine oder andere erfordert von Ihnen sicher auch einiges Loslassen. Nehmen Sie es als Spiel mit Möglichkeiten, lassen Sie sich inspirieren, folgen Sie Ihren Impulsen und erweitern Sie Ihre Kreativität. Dann werden aus Fragezeichen Ausrufezeichen!

Die Geschichte vom Fragezeichen, das zum Ausrufezeichen wurde

Einst gab es nur Fragezeichen. Sie lebten harmonisch und glücklich zusammen. Weil die Fragen sehr viel Spaß am Fragen hatten, vermehrten sie sich ständig: Es gab ernste Fragen, lustige Fragen, lange Fragen, kurze Fragen, tiefsinnige Fragen, oberflächliche Fragen. Aber irgendwann kam der Zeitpunkt, da gingen ihnen die Fragen aus. Da standen sie auf ihren hügelähnlichen Erhöhungen und stellten die alles entscheidende Frage, die die Welt verändern würde, nämlich „Was ist denn auf der anderen Seite der Hügel, die unsere vielen Fragen aufgeworfen haben?" Und sie begannen sich zu recken und zu strecken, um über den Hügel hinauszuschauen. Länger und länger dehnten sie ihre Hälse und plötzlich sprang eines der lang gestreckten Fragezeichen juchzend den Berg hinunter. Aber es war kein Fragezeichen mehr, es war nur noch ein Strich mit einem Punkt und weil es so laut rief und juchzte, sagten die anderen zu ihm, das muss ein Ausrufezeichen sein. Und so begannen auch andere Fragezeichen sich zu recken und zu strecken und als Ausrufezeichen die Hügel hinunterzulaufen.

Von da an gab es auf der einen Seite der Hügel nach oben laufende Fragezeichen und auf der anderen Seite nach unten rennende Ausrufezeichen, und das Leben wurde noch spannender und lustiger. Die Fragen, die den Hügel hinaufführten, bekamen Antworten, die wieder den Hügel hinunterführten. Die Ausrufezeichen vermehrten und vermehrten sich, und es gab bald mehr Ausrufezeichen als Fragezeichen.

Da geschah Folgendes: Die Ausrufezeichen sagten, wir brauchen keine Fragezeichen mehr, weil wir schon alles wissen. Wir wissen, was richtig ist, wir wissen, wie es geht, wir wissen, was zu tun ist, wir müssen niemanden mehr fragen. Das braucht nur Zeit und hält auf. Und so wurden die Fragezeichen immer mehr in den Hintergrund gedrängt, und im Laufe der Zeit gerieten die Fragen mehr und mehr in Vergessenheit.

Und damit natürlich auch das Wissen über ihre Herkunft. Bald waren sich alle einig, dass Fragen etwas Unwichtiges seien. Aber nicht nur das, es wurde mehr und mehr verpönt, überhaupt noch Fragen zu stellen, und schließlich ganz verboten. Da aber ohne neue Fragen kein neues Wissen mehr entstand, drehten sich die Ausrufezeichen immer mehr im Kreis und gaben ihre einfachen und oft banalen Wahrheiten weiter, ohne dass es jemand wirklich interessierte. Es gab keine Frage dazu, das jauchzende Ausrufen beim Herunterlaufen des Berges war weggefallen, es gab auch keine Berge mehr, bis auf diesen einen in der Ferne, von dem man sich erzählte, den aber noch niemand gesehen hatte und nach dem zu forschen streng verboten war.

So rasten die Ausrufezeichen lang gestreckt, dünn und mit blassen Gesichtern durch die Gegend, und keiner schien zu wissen, warum eigentlich. Und Fragen stellte auch keiner, es gab keine Fragen mehr.

Eines Tages trafen sich heimlich einige Ausrufezeichen lange vor Sonnenaufgang, um sich auf den Weg zu dem verbotenen Hügel zu machen. Sie hatten gehört, dass es dahinter noch einige wenige Fragezeichen geben sollte. Sie wussten, dass das verboten war. Sie wussten auch, dass sie sich nicht einmal die Frage „was hinter dem Hügel wäre" stellen durften, und das ließ manche sich zusammenkrümmen. Aber je mehr sich die Frage breit machte, umso stärker wurde die Anziehungskraft. Und als sie am Fuße des Hügels ankamen, begannen die ersten hinaufzusteigen und siehe da, es passierte nichts Schlimmes. Und als sie oben angekommen waren, wussten sie, was sie wirklich wollten. Sie wollten wissen, was jenseits der ganzen Wahrheiten ist, hinter die sie ständig ihr Zeichen setzen mussten. Und als sie nun oben auf dem Berg standen, sahen sie weit unten das Land der Fragezeichen, das nur noch wenig bevölkert war. Sie ahnten, dass das ihr Ursprung sein müsste, woher sie vor langer Zeit gekommen waren. Und vor lauter Aufregung stolperten sie und rollten den ganzen Hang hinunter. Dabei entdeckten sie eine neue Beweglichkeit, und unten angekommen, waren sie wieder in der Lage, die Form der Fragezeichen einzunehmen. Von diesem Moment an konnten sie ihre Form wählen. Ein neues Spiel entwickelte sich und führte zu einer neuen Form, dem Ausruhezeichen. Als Fragezeichen liefen sie so lange der Frage nach, bis sie sich langsam zu einer Antwort streckte und schließlich als Ausrufezeichen stoppte, gefolgt von einem erholsamen Schläfchen als Ausruhezeichen, einem schlichten Kreis mit einem Punkt in der Mitte.

Fehler sind out

Jeder Mensch macht Fehler. Das stelle ich damit nicht in Frage. Aber er macht nicht absichtlich Fehler (zumindest in der Regel), sondern hält das, was er macht, für richtig. Hielte er es für falsch und würde es demnach als Fehler erkennen, würde er es richtig machen. Ausgenommen natürlich Fälle, in denen absichtlich Fehler gemacht werden, z.B. in der Politik. Aber kein Kind rechnet absichtlich falsch oder schreibt absichtlich ein Wort falsch, niemand schlägt beim Tennis absichtlich daneben oder lässt beim Jonglieren absichtlich den Ball fallen. So gesehen macht niemand einen Fehler.

Wenn Sie das annehmen können und damit wissen, dass Sie keine Fehler machen, befinden Sie sich in der glücklichen Lage, alles richtig zu machen. So richtig zu machen, wie es Ihnen im Moment möglich ist. Dabei stellen Sie Abweichungen zum Ziel fest oder werden darauf hingewiesen und freuen sich darüber, weil nur dadurch, dass Sie es merken, eine Änderung möglich ist. Dann können Sie herausfinden, welche Verhaltensänderung Ihrerseits passend ist, um das gewünschte Ergebnis zu erreichen.

In Seminaren kommt es häufiger vor, dass jemand beim Bogenschießen mehrfach über das Ziel hinausschießt, vor allem am Anfang. Der Betreffende macht dabei nichts falsch, denn er ist ja im Moment des Loslassens überzeugt oder zumindest willens, mitten ins Ziel zu treffen. Das geschieht jedoch nicht. Er erkennt das schließlich und kann Verhaltensänderungen einleiten, indem er beispielsweise den Bogen tiefer oder die Hand, die die Sehne spannt, höher hält.

Vereinzelt kommt es in solchen Situationen vor, dass jemand sagt, die Zielscheibe müsse höher stehen. Das sind Menschen, die alles um sich herum verändern wollen, bevor sie bei sich selbst auch nur die kleinste Änderung vornehmen. Auch sehen sie nicht sich selbst als Ursache für die Abweichung, sondern finden die „Schuld" außerhalb von sich selbst. In diesem Fall ist die zu niedrig stehende Zielscheibe schuld. In anderen Fällen ist es das schlechte Wetter, der stumpfe Schnee, der alte Schläger, der Kollege, der Chef, die Wirtschaftslage, die ganze Welt. Kurz, „Das Leben ist hart und grausam, und es trifft immer den Falschen – nämlich mich!"

Es gibt daher doch einen Fehler, nämlich den, nicht aus dem Feedback, aus den Abweichungen zu lernen und selbst etwas zu verändern, sondern andere Menschen und äußere Umstände für die eigene Bewegungsunfähigkeit verantwortlich zu machen.

Wenn man beginnt, Fehler nicht mehr als Fehler anzusehen, stellen viele fest, dass die Angst, Fehler zu machen, ein ständiger Begleiter war. Dies hatte zur Folge, dass man ständig versucht hat, Fehler zu vermeiden, was zwangsläufig dazu führte, dass man wieder Fehler machte usw. Das ist ein Teufelskreis und die einzige Chance, keine Fehler mehr zu machen, liegt schließlich darin, gar nichts mehr zu tun. Und um das zu begründen sagt man dann einfach „Das kann ich nicht" oder „Da bin ich unbegabt."

Dieses Gefühl, etwas nicht zu können, ist sehr weit verbreitet. Deutlich wird es, wenn wir beginnen, etwas Neues zu lernen, sei es eine Fremdsprache, sei es Mathematik oder sei es das Erlernen einer körperlichen Tätigkeit. Das Selbstbild äußert sich auf verschiedene Weise. Manche sprechen es direkt an: „Ich kann das nicht". Andere machen Späße und Witze, wieder andere werden unsicher. Gemeinsam ist allen, dass sie sich damit nicht wohl fühlen, dass sie es als eine Art Makel empfinden. Sie sind außerhalb ihrer Mitte, jenem Ort, aus dem heraus Sicherheit, Ruhe und Selbstvertrauen kommen. Diese Mitte ist von einem Bewusstsein der Fülle, der Energie und der Verbundenheit geprägt. Sie kann alles, ohne dabei die Realität zu vernachlässigen. Aus dieser Mitte heraus nehme ich wahr, welche Möglichkeiten in mir in Bezug auf das zu lernende Thema vorhanden sind, und wie ich diese mobilisiere. Es ist ein Weg des Erforschens, des Sich-Überraschen-Lassens. Scheitern im Sinne von Aufgeben gibt es nicht, „Fehler" werden als Lernchance betrachtet. Sie sind ein Meister, der übt!

Eine weitere Möglichkeit, „Fehler" in einem anderen Licht zu sehen, bieten folgende Fragen:

- Was mag ich besonders an meinen Schwächen?

- Was kann ich von meinen Schwächen lernen?

- Welche Stärken liegen in meinen Schwächen?

„Ich kann alles – und muss deshalb nicht alles können" ist ein wunderbares Gefühl und ein großer Kraftspender auf dem Weg zum Erfolg, der sich dann nicht mehr vermeiden lässt!

„Ich sage nie mehr: Das schaffe ich nicht."
Ein Seminarteilnehmer

Warum sich Erfolg nicht vermeiden lässt

Ganz einfach: Weil Erfolg nichts anderes ist als die Folge von etwas Vorhergegangenem. Das können sowohl Handlungen wie auch Gedanken sein. Alles hat Folgen. Wenn Sie sich auf den Weg machen, etwas zu erreichen, führt das, was Sie dafür tun, und vor allem auch das, was Sie dabei denken – Ihr inneres Spiel – zu einer Folge. Sie haben Erfolg!

Erfolg ist daher zunächst einmal völlig wertfrei, Erfolg geschieht einfach. Wenn Sie 30 Jahre lang rauchen, ist der Erfolg Husten. Wenn Sie keine Fehler machen wollen und daher nichts tun, ist der Erfolg eben nichts. Wenn Sie anderen die Zuständigkeit für Ihr Leben übertragen, ist der Erfolg, dass andere für Ihr Leben zuständig sind. Wenn Sie glauben, nichts zu können, ist der Erfolg, dass Sie nichts können. Sie haben demnach immer Erfolg!

Zwei Aspekte machen den Erfolg allerdings zu etwas Anstrengendem: Zum einen die weit verbreitete Auffassung, dass Erfolg immer positiv sein muss. Denn daraus entsteht zwangsläufig die Angst vor dem Misserfolg. Das führt zu Verspannungen und Ängsten. Diese wiederum führen zu Vermeidungen, zu Umwegen und schließlich genau in die entgegengesetzte Richtung von dort, wo man eigentlich hin will. Aber Erfolg bleibt es dennoch, lediglich „bereichert" um ein „Miss".

Der zweite kritische Aspekt ist der, dass viele nicht wirklich an ihren Erfolg glauben. Sie gestehen sich nicht ein, dass ihr Handeln Folgen hat. Der Weg wird nicht eindeutig gegangen, sondern vorsichtig ein Fuß vor den anderen gesetzt. Im entscheidenden Moment fehlen dann der Mut und die Kraft, den Schritt zum Erfolg zu gehen, und auch hier steht „Miss" wieder helfend bereit.

Wollen Sie selbst Lenker der Folgen werden, ist einiges zu beachten:

1. Sie kennen Ihr Ziel.

2. Sie lassen das Ziel los und kümmern sich um den Weg.

3. Sie suchen nach der „Perle".

1. Sie kennen Ihr Ziel

Kennen Sie Ihre Ziele? Haben Sie eine Vision, was Sie in Ihrem Leben erreichen wollen? Können Sie Ziele von Wünschen unterscheiden? Sind Ihre Ziele wirkliche Ziele oder sind sie nur vorgeschoben, um etwas ganz anderes zu erreichen?

Es gelten folgende Prämissen für klare Ziele:

- Sie sind realisierbar.

- Sie dürfen nichts enthalten, was Sie nicht wollen.

- Es ist sichtbar, spürbar oder messbar, wenn die Ziele erreicht sind.

Der erste Punkt meint, dass die Erreichung wesentlich mit Ihnen zusammenhängt. Das Ziel, im Lotto zu gewinnen, ist keines, es ist ein Wunsch oder besser ein Traum, von dessen Erfüllung man nicht sein Leben abhängig machen sollte.

Wenn Sie sich ein Ziel stecken, um etwas anderes damit zu erreichen, ist das noch nicht das eigentliche Ziel, sondern ein Wenn-Dann- oder ein Um-Zu-Ziel: „Wenn ich das erreicht habe, mache ich dies und jenes", „Wenn mir die Möglichkeiten gegeben werden, mache ich Folgendes", „Wenn ich könnte, würde ich ...", „Wenn ich groß bin, mache ich ..." usw. Wenn-Dann- und Um-Zu-Ziele haben keine große Kraft, da ihr Erreichen oft mit äußeren

Umständen zusammenhängt oder gar von anderen Menschen abhängig ist. Dennoch sind sie weit verbreitet. Vielleicht gerade deshalb, weil keine Gefahr besteht, sie zu erreichen, bzw. man nicht wirklich Verantwortung für deren Erreichen übernimmt und daher auch im Misserfolgsfall nicht zuständig ist.

Prüfen Sie daher Ihre Ziele mit der Frage „Was will ich damit erreichen?", und erst wenn Sie darauf keine Antwort mehr finden, sind Sie bei Ihrem wesentlichen Ziel angelangt. Wesentlich heißt hier auch, dass es mit Ihrem Wesen zusammenhängt. Dieses Ziel hat wirklich etwas mit Ihnen zu tun, es kommt aus Ihnen heraus und es gibt Ihnen Kraft und Mut, den Weg zu beginnen.

Manche antworten auf die Frage „Was wollen sie erreichen?", indem sie aufzählen, was sie alles nicht wollen. Gehen Sie doch einmal in ein Reisebüro und zählen Sie auf, wohin Sie nicht wollen! Meinen Sie, Sie kommen am richtigen Ort an?

2. Sie lassen das Ziel los und kümmern sich um den Weg

Ist das Ziel klar, lassen Sie es los. Das klingt widersprüchlich, ist es aber nicht. Zum einen lenkt die ständige Fixierung auf das Ziel von den nahe liegenden Schritten ab und führt zu Realitätsverlust und häufigem Stolpern. Zum anderen ist ein Ziel, mit dem Sie sich wirklich verbunden haben, so stark, dass Sie es nicht mehr verlieren können, auch wenn Sie sich nicht dauernd darauf konzentrieren. Das Ziel gibt die Richtung an, in die Sie gehen und den Grund, warum Sie trotz Hindernissen weitergehen. Es entwickelt eine Sogwirkung, als würden Sie von einem Magnet in Richtung Ziel gezogen.

Ein Ziel zu erreichen, ohne es zu sehen, ist für uns rational Denkende schon etwas abwegig. In der Tat sind unsere Ziele meist auch nicht kraftvoll genug, um sie sozusagen „blind" zu erreichen. Der Zen-Bogenschütze, der mit geschlossenen Augen mitten ins Ziel trifft, und das mehrmals hintereinander, hat etwas Vergleichbares in seiner Disziplin erreicht. Die Methode Inner

Game nutzt diese Erkenntnisse und Wahrheiten und macht sie zugänglich, ohne dass man dafür das ganze Leben dem Bogenschießen widmen muss. Es sind die Qualität und die Anziehungskraft eines Zieles, die es möglich machen, es loszulassen und damit alle Energie für den Weg selbst zur Verfügung zu haben. „Der Weg ist das Ziel" wird erlebbar und ermöglicht ständig neue positive Überraschungen. Das Ziel selbst tritt in seiner Präsenz dabei zwar zurück, ist aber dennoch gegenwärtig. Es gibt die Richtung und die Kraft.

3. Sie suchen nach der „Perle"

Das ist gleichbedeutend mit der Suche nach dem Schlüssel, um etwas möglichst leicht und direkt zu erreichen.

Nehmen wir als Beispiel das Ziel, die Sprache „Englisch" zu können. Die Frage würde also lauten, welche Möglichkeiten gibt es, dass ich es morgen kann? Die Antwort auf diese Frage würde an der Spitze der Pyramide stehen. Sie könnte z.B. lauten: Ich esse eine Englischpille oder ich lasse mir von einem Engländer per Gedankenübertragung Englisch „vermitteln"!

Wenn Sie merken, dass Sie auf dieser Ebene nicht weiterkommen, bewegen Sie sich langsam nach unten. Die zweite Ebene ist die Faszinationsebene. Hier gilt die Frage, was an diesem Lernstoff besonders faszinierend ist, wieso man ihn regelrecht entzückend finden kann, was ihn besonders anziehend macht usw. Das könnte eine „Sprachendusche" mit allen Sinnen sein, z.B. so: Sie befinden sich im betreffenden Land und begegnen einem Lehrer, der Ihnen vermittelt, dass es nichts Schöneres gibt, als diese Sprache zu sprechen, zu träumen und sie sich ständig auf der Zunge zergehen zu lassen.

Es folgt die „Das-kann-ich-schon-Ebene", auf der Sie danach forschen, was Sie alles schon können. Bei Englisch werden Sie beispielsweise feststellen, dass Sie weit über 200 Worte schon beherrschen, wie Mouse, House, Garden, Hamburger, Cheeseburger,

Coca Cola usw. Sie können also schon nahezu 10 % des Durchschnittswortschatzes eines Amerikaners (leicht übertrieben!!).

Die nächste Ebene könnte die Melodieebene sein. Hier forschen Sie nach der Musik in der Sprache und hören sich Musik des Landes an mit dem Ziel, einige schöne Stücke zu finden. Wenn Sie eher wissenschaftlich herangehen möchten, können Sie sich mit der Geschichte des Landes beschäftigen oder herausfinden, warum und wie diese Sprache entstand, welche Logik in ihr steckt und wie diese sich zu ihrer Muttersprache verhält. Die nächste Ebene ist die „Aktivebene". Erst hier beginnen Sie, motiviert durch all das, was Sie von oben herkommend entdeckt haben, die Sprache zu sprechen, zu schreiben und alle Gelegenheiten zu nutzen, um sie anzuwenden.

Sie sehen, bevor Sie anfangen zu lernen, gibt es eine Reihe von förderlichen Fragestellungen!

Wie sieht so etwas dagegen in der Realität aus? Schon die Zielformulierung ist anders: Statt „Ich möchte Englisch können" heißt es „Ich möchte Englisch lernen". Man muss also zuerst lernen und spontan fallen einem jede Menge Argumente ein, warum das bestimmt schwierig ist. Diese bestätigen sich dann durch die Herangehensweise: Mühsam werden Vokabeln gelernt und mit Hilfe von Grammatik mehr schlecht als recht zusammengefügt, um vielleicht in ferner Zukunft einmal fließend zu sprechen. Zusammenhänge werden nicht erkannt, aber Dinge gelernt, die man später als Könner gar nicht mehr braucht. Schnell geht da jede Lust, jede Motivation verloren und eine echte Faszination tritt niemals ein. Permanent bestätigt sich scheinbar, dass es nun einmal schwer ist, etwas zu lernen. Sehnsüchtig der Blick zu den Kindern, die spielerisch leicht und ohne Wörterbuch mit Kindern anderer Länder kommunizieren. Ihre Perle lautet da ganz einfach: „Ich möchte mich verständigen und daher kann ich es auch!"

Wenn Sie bei sich darauf achten, wie schnell Sie mit „schwierig" bei der Hand sind, statt sich mit dem Ziel, mit der Perle wirklich zu verbinden, werden Sie vermutlich überrascht sein. Dabei gibt es durchaus eine Reihe von Möglichkeiten, um nicht unten anzufangen! Das steht gleichbedeutend mit der Suche nach der Leichtigkeit. Statt zu fragen, „Was muss ich tun, welche Hürden muss ich überwinden, um das Ziel zu erreichen?", versetzen Sie sich in den Zustand, als hätten Sie es schon erreicht. Und fragen sich, ob es nicht Wege gibt, es jetzt sofort oder zumindest mit weitaus weniger Anstrengung zu erreichen!

Fazit:
Sie werden erleben, dass Erfolg sich genauso wenig wie bisher vermeiden lässt, wenn Sie diese drei eben beschriebenen Aspekte beachten. Der Erfolg „folgt" dann aber Ihnen und nicht Sie dem Erfolg.

Auch hier bietet die körperliche Erfahrung beim Erlernen einer Sportart ideales Anschauungsunterricht, da nirgends offensichtlicher wird, wie ohne Zutun des Kopfes und damit ohne konkreten Wissensinput gelernt wird. Schritt für Schritt, allein durch Tun und nochmals Tun. Denn frei vom beschränkenden Denken tendiert unser Körper von selbst dazu, es sich leicht zu machen und damit nach einiger Zeit Leichtigkeit und Eleganz zu entwickeln. „Erfolg ist nicht zu vermeiden", wenn man den Körper tun lässt, was er tun will, für einen fördernden Rahmen sorgt und den kritischen Verstand anderweitig beschäftigt. Das lässt sich in gewisser Weise auf alles übertragen, wo es um Lernen, um Weiterentwicklung, um Veränderung geht. Erfolg lässt sich auch dann nicht vermeiden, wenn man im Fluss ist, das große Ganze im Blick hat und auf die eigenen Fähigkeiten vertraut.

„Wenn alles leicht wäre, wäre es uns leicht langweilig."
Inner Game Weisheit

Aha

„Ich kann nicht, gibt's nicht."
Inner Game Weisheit

Das Besondere an diesem Wörtchen „aha" ist nicht nur, dass es gleich bleibt, wenn man es umdreht. Seine besondere Wirkung entfaltet es, wenn man es ausspricht, und zwar in ganz bestimmten Situationen. Zum Beispiel, wenn Sie jemandem zuhören und noch mehr Informationen möchten, oder, wenn etwas nicht so ist, wie Sie es gerne hätten, oder gar, wenn etwas so richtig schief geht und Ihnen Worte wie Mist oder Sch... auf der Zunge liegen.

Was passiert in den letzten beiden Fällen, wenn Sie das Wort aha verwenden? Das sichtbare Ergebnis bleibt zunächst gleich: Etwas ist nicht so gelaufen, wie sie es wollten. Innerlich spüren Sie jedoch einen Unterschied, ob Sie Mist oder aha sagen. Im ersten Fall fühlen Sie sich unwohl, im zweiten weniger. Denn aha gibt Ihnen eine Lernchance, eine Wiederholungsmöglichkeit. Sie verurteilen sich damit nicht selbst, sondern stellen zunächst einfach nur fest, was war.

Wenn Sie überlegen, welcher Zustand Ihnen bei einem neuerlichen Herangehen nützlicher ist, dürfte die Wahl einfach sein. Eine Lehrerin nahm dieses Wort aus einem Workshop mit und führte es gleich am nächsten Tag in ihrer Klasse ein. Sie ließ ihre Schüler eine ganze Reihe von Worten durch aha ersetzen und erzählte von erstaunlichen Wirkungen schon nach einer Woche. Mit Begeisterung ersetzten die Schüler außer den oben genannten Worten Begriffe wie „das kann ich nicht", „das ist schwer", „ich habe keine Lust" und andere durch das kleine Wort aha .

Aha, werden Sie jetzt vielleicht denken. Oder ist es eher ein oho? Probieren Sie es einfach aus und schnell wird sich die Zauberwirkung dieses Wortes entfalten.

Aha oder oho – das ist die Frage

Vor längerer Zeit gab es in einem Land, in dem jongliert wurde wie bei uns Fußball gespielt wird, zwei Schulen, in denen man das Jonglieren lernen konnte. Die eine hieß aha, die andere oho. Obwohl sie sich in ihrem Namen nur durch einen kleinen Buchstaben unterschieden, gab es doch einen großen Unterschied zwischen den beiden Schulen. Die Oho-Schule war etwas Besonderes. Wer da hinging, hielt etwas von sich. Dieser Schule und ihren Schülern war es wichtig, die Leute in Erstaunen zu versetzen, ihnen ein Oho zu entlocken bei ihren Vorführungen.

Die Aha-Schule dagegen war bescheidener und unscheinbarer. Man könnte fast sagen, sie war ärmlich und langweilig, gab es doch keine Vorführungen, keine spektakulären Aktionen, keine Wettbewerbe. Die Schüler von Oho machten sich oft lustig über die von Aha, aber von den Aha-Schülern kam keine Reaktion.

Eines Tages nun fand ein großes Jonglierfest statt, zu dem Jongleure aus der ganzen Welt anreisten, um sich auszutauschen und ihre Künste zu zeigen. Als das Fest begann und die Jongleure in die Arena traten, erkannte man gleich die Ohos an ihren prachtvollen Gewändern, was den Zuschauern ein lautes Oho entlockte. Man erkannte auch die Ahas an ihrem unscheinbaren Auftreten, was zu manchem verständnisvollem aha führte.

Stolz liefen die Ohos durch die Arena und ließen sich bejubeln. Da merkten sie plötzlich, wie sich die Blicke von ihnen abwandten und sich auf den Teil der Arena richteten, wo die Ahas mit ihrer Vorführung begonnen hatten. Auf eine wunderbar fließende Weise, voller Grazie und Anmut, führten sie ihre Bewegungen aus. Durchdrungen von einem inneren Strahlen, entspannt und ruhig zeigten die Ahas Kunststücke, wie niemand sie für möglich gehalten hätte.

Als das Fest vorbei war, fand sich eine größere Gruppe von Ohos vor der Aha-Schule. Sie wollten das, was sie gesehen hatten, ebenfalls lernen und alle Arroganz und Überheblichkeit war von ihnen abgefallen.

Sie klopften an, und ein kleiner Junge öffnete ihnen und geleitete sie in einen schlichten Raum mit einer warmen Atmosphäre. Er verließ sie, um den Meister zu holen, mit dem er kurze Zeit später zurückkam. Der sagte nur „aha" und lächelte. Dann erklärte er den verdutzten Ohos, dass der kleine Junge ab sofort ihr Lehrer sein werde und wollte gerade den Raum verlassen, als einer der Ohos fragte: „Wie kann dieser kleine Junge uns etwas beibringen, wo er nicht halb so gut jonglieren kann wie wir?" Da sagte der Meister: „Alles, was ihr hier lernen könnt, ist, statt solcher Bemerkungen einfach aha zu sagen", und er verließ, immer noch lächelnd, den Raum.

Wenn sie nicht bei dem Fest gesehen hätten, wozu die Ahas in der Lage sind, wären sie jetzt wieder gegangen. Stattdessen begannen sie eifrig, ja teilweise geradezu verbissen, aha vor sich hin zu murmeln. Mit der Zeit fanden sie eine Reihe von Variationen, wie man aha aussprechen könnte, mit langem A vorne oder hinten, fragend oder ausrufend, verständnisvoll, begreifend, überrascht. Ein lustiges Bild: aha übende Oho-Schüler – und der kleine Junge freute sich mit ihnen. Sie wurden immer gelöster und alberner, tollten herum, lachten und entspannten sich immer mehr. Da holte der kleine Junge Bälle und sie begannen zu üben, aber nicht so, wie sie es von der Oho-Schule gewohnt waren, sondern jeder so, wie er wollte. Und jedem Plop, wenn ein Ball hinunterfiel, folgte ein aha, was ihn fast von allein wieder hochbrachte. Und sie stellten fest, dass jeder ganz von selbst neue Figuren herausfand, ohne dass sie ihnen jemand gezeigt hätte.

Sie lernten voneinander, indem sie sich zuschauten, und schon nach einer Stunde wurde deutlich, dass jeder besondere Vorlieben hatte, die er entwickeln konnte. Es gibt nicht einen bestimmten Stil, sondern eben so viele wie es Jongleu-

re im Raum gibt, stellten sie erstaunt fest. Das war auch ein wesentlicher Teil der Faszination, die von der Vorführung beim Fest ausgegangen war. Eine harmonische Gemeinsamkeit von Individuen ...

Als mehr und mehr Oho-Schüler heimlich zu den Aha-Stunden erschienen, kam es schließlich wie es kommen musste. Die Oho-Schule änderte zwei Buchstaben und jeder, der das hörte, sagte nur: aha!

Keine Antworten ohne Fragen

Eines der großen Ahas ist, dass es weniger darum geht, Antworten zu erhalten, als darum, Fragen zu stellen. Denn oft birgt die richtige Frage bereits die Antwort in sich, während viele Antworten gar nicht dem entsprechen, was man eigentlich wissen möchte. Antworten zu geben, ohne dass überhaupt eine Frage gestellt wurde, ist Manipulation. Und dennoch findet genau das andauernd statt.

Am extremsten in der Schule, aber auch in Vorträgen, Schulungen, Konferenzen usw. wird sehr viel erzählt, ohne dass es jemand interessiert. Es sind oft Worte, Sätze und Aussagen, die nur den Redner selbst interessieren. Selbst wenn es Antworten sind, sind die dazugehörigen Fragen auch vom Redner und nicht von den Zuhörern. Entsprechend langatmig bis langweilig läuft das Ganze dann ab. Manch engagierter Redner fragt sich, wie er seine ungefragten Antworten spannender vermitteln oder seine Zuhörer besser motivieren kann. Die meisten halten diesen Zustand – im wahrsten Sinne des Wortes – für normal, vermutlich weil man jahrelang in der Schule nichts anderes erlebt hat.

Warum traut sich kaum jemand, die einfachste aller Fragen zu stellen, nämlich „Welche Fragen haben Sie?" und nur dann zu antworten, wenn tatsächlich welche vorhanden sind? Aus meiner Erfahrung und Beobachtung heraus nur aus einem einzigen Grund: Es könnten ja keine Fragen kommen, und was mache ich dann, wie gehe ich mit dieser Stille um? Manche Manager von großen Unternehmen setzen sich bei Vorträgen Zuhörer mit vorbereiteten Fragen ins Publikum, nur aus Angst, es würden sonst keine Fragen im Anschluss an den Vortrag gestellt. Umgekehrt sitzen hoch dotierte Mitarbeiter im Publikum und stellen tatsächlich keine Fragen, schon gar nicht jene, die sie wirklich brennend interessieren! Darüber wird dann in der Kaffeepause geredet. Ein Teufelskreis, der dazu führt, dass überall und ständig ungefragte Antworten gegeben werden.

Gewohnt, sein Leben lang Antworten zu bekommen ohne gefragt zu haben, reduziert sich der Fragewortschatz schließlich auf Fragen wie „Wie geht das?", „Was muss ich tun, damit...?" und Ähnliche. Ich nenne diese Fragen „schwache Fragen". Schwach deshalb, weil sich der Fragende auf eine schwache Ausgangsbasis stellt. Er meint, ohne Hilfe nicht weiterzukommen, er möchte gesagt bekommen, wie es geht. Er übergibt dem Antwortenden die Macht, aber auch die Verantwortung für das Gelingen. Er macht sich die Sache nicht zu eigen, aktiviert nicht sein eigenes inneres Spiel, sondern lässt sich von außen bedienen in der scheinbar bequemen Meinung, dass es dadurch leichter ginge.

Spannend dagegen sind die so genannten „starken Fragen", die man im Wesentlichen sich selbst stellt und nur dann einem Lehrer, wenn man wirklich Unterstützung braucht, die man dann aber auch formulieren kann. Solche Fragen sind z.B.:

- Was will ich damit erreichen?

- Brauche ich das wirklich, und wenn ja wozu?

- Wenn nicht, welchen Nutzen kann ich noch daraus ziehen?

- Woher beziehe ich meine Motivation?

- Was gibt, was nimmt mir Kraft?

- Was in mir ist angespannt?

- Wie finde ich zu meiner Mitte?

- Was ist für mich der Schlüssel, der mir die Dinge leicht macht?

- Was kann ich an der Grenze, an der es scheinbar nicht weitergeht, lernen?

- Welche Ahas ermöglichen mir diese Lernerfahrung?

- Wie kann ich mich mit allen Sinnen, mit meinem vollen Potenzial der Sache widmen?

Solche und ähnliche „starke" Fragen führen mit der Zeit zu einer erheblichen Erweiterung der Wahrnehmung und es tut sich plötzlich eine ungeheure Vielfalt von Möglichkeiten auf, wie man an etwas herangehen kann. Selbst das Lernen von gesetzlich vorgeschriebenen Stoffen kann damit faszinierend werden, kann ich doch diesen Lernstoff dazu benutzen, um viel Wesentlicheres für mich und über mich zu lernen.

Wenn man diesen Weg einschlägt, wird man immer autarker und unabhängiger von Lehrern, denn es macht zunehmend mehr Spaß, Dinge selbst herauszufinden. Und die Kreativität und die Fähigkeiten wachsen ständig. Lernen ist nicht mehr zweidimensional, von außen aufgesetzt, sondern findet in einem selbst statt. Und was da so alles auftaucht, kann niemand vorhersagen, geschweige denn von außen beibringen.

Auch auf diesem Forschungsweg gibt es natürlich Stellen, an denen ein Lehrer sehr nützlich ist, kann er doch zu einem Lernsprung verhelfen oder vermeiden, dass man in eine Sackgasse gerät. Voraussetzung ist allerdings, dass man das selbst spürt und eine Frage an den Lehrer stellt, die so konkret ist, dass man eine klare Antwort bekommt.

Das folgende Beispiel ist aus einem Inner Game Seminar. Die Teilnehmer hatten das Jonglieren mit drei Tüchern gelernt und übten jetzt jeder für sich mit Bällen. Der Dialog begann zunächst mit einer schwachen Frage:

Teilnehmer: Wie geht das, Jonglieren mit drei Bällen?

Inner Game Trainer: So (und machte es vor)!

TN: Ja, ich weiß, aber wie geht das bei mir?

IT: Auch so!

TN: Bei mir geht es aber nicht!

IT: Woran merkst du das?

TN: Die Bälle fallen immer runter!

IT: Stört dich das?

TN: Ja, mit den Tüchern vorhin ging es so gut!

IT: Wieso machst du es nicht wie mit den Tüchern?

TN: Weil die Bälle viel schneller sind.

IT: Du willst sagen, du hast zu wenig Zeit?

TN: Ja, ich glaube schon.

IT: Experimentiere einmal mit der Zeit. Beginne mit einem Ball und finde heraus, welche Möglichkeiten du hast, ihn so zu werfen, dass du das Gefühl hast, Zeit zu haben.

Der Teilnehmer probiert eine Weile und kommt dann wieder:

TN: Ich habe jetzt viel mehr Zeit, weil ich die Bälle höher werfe. Es geht auch gut mit zweien, aber wenn ich den dritten dazunehme, geht es nicht mehr.

IT: Was genau ist deine Frage?

TN: Ich möchte herausfinden, warum es nicht geht!

IT: Zeige uns mal, wie es nicht geht!

Der Teilnehmer macht einen Versuch. Einmal gelingt es, dann fallen die Bälle wieder herunter.

TN: Siehst du, es klappt nicht.

IT: Aha.

TN: Was heißt aha?

IT: Dass es dir einmal gelungen ist, ist der Beweis, dass es auch mehrmals hintereinander geht. Aber statt dich über das eine Mal zu freuen, konzentrierst du dich auf das Runterfallen. Fang ihn doch einfach wieder auf.

TN: Ja, aber ich lasse den Ball in der Hand nicht los.

IT: Was meinst du damit?

TN: Ich habe nach einer Runde den Ball in der Hand, und die lässt nicht los.

IT: Du meinst, deine Hand will dich ärgern, indem sie nicht loslässt?

TN: Natürlich nicht, aber schau her!

Und er macht es wieder vor und es klappt zweimal, bevor der Ball wieder runterfällt.

TN: Ah, ich habe gerade gemerkt, dass ich beginne die Luft anzuhalten und mich so auf das Gelingen konzentriere, dass ich dabei vergesse, den Ball loszulassen. Was kann ich tun, um loszulassen?

IT: Du hast es selbst gerade gesagt! Atmen!

TN: Aha!

Solche Dialoge gibt es immer wieder, nicht nur beim Jonglieren oder anderen körperlichen Aktivitäten. Auch bei Themen wie Kommunikation, Menschenführung oder Verkaufen werden immer wieder Fragen gestellt, obwohl der Fragende die Antworten schon in sich trägt und eigentlich nur in sich hineinhorchen muss, um sie zu finden.

Unser Teilnehmer aus obigem Beispiel hat nicht nur das Jonglieren gelernt. Er hat herausgefunden, wie man starke Fragen stellt, und er hat seine Wahrnehmung erweitert. Das heißt in diesem Fall, er hat bemerkt, wann er festhält, wann nicht, und dass er auf seine Atmung achten muss. Er hat auch gemerkt, dass Hürden und scheinbarer Misserfolg vorangegangene Erfolge überlagern und er dann schnell seine Kräfte verliert und sich anspannt. Jeder jongliert so, wie er lebt!

An dieser Stelle möchte ich Ihnen ein eigenes kleines Erlebnis schildern, um das Thema „starke Fragen" zu verdeutlichen. Vor einigen Jahren hatte ich mir ein Surfbrett geliehen und stand etwas wackelig auf dem Brett. Ich hatte schon einige Versuche hinter mir, aber für den Wind an diesem Tag reichte mein Können bei weitem nicht. Und so war ich mehr im Wasser als auf dem Brett. Irgendwann fiel mir auf, dass mir vom Ufer her jemand interessiert zusah. Schließlich paddelte ich zu ihm ans Ufer, und als sich herausstellte, dass er ein Spezialist war, bat ich ihn um einen Tipp. Sofort legte er los, sagte mir, was ich alles falsch machte und dass es ohnehin bei dem Wind zu schwierig für mich sei. Ich unterbrach schließlich seinen Redefluss mit den Worten: „Sie haben mir doch jetzt eine ganze Weile zugeschaut, was würde mir denn Ihrer Meinung nach am meisten helfen? Aber bitte, nennen Sie mir nur eine einzige Sache!" Und er sagte mir, ich solle mich mit meinem ganzen Gewicht hineinhängen und keine Angst davor haben, hinten herunterzufallen. Man könne sich viel stärker reinhängen, als man als Anfänger denkt! „Lasse los und vertraue!" übersetzte ich das für mich, paddelte wieder hinaus und hatte tolle Erfolgserlebnisse. Es ging nicht nur viel besser, ich brauchte auch weitaus weniger Kraft. Ich genoss es und als ich an meine nächste Hürde, das Wenden, kam und auch da einige Versuche gemacht hatte, paddelte ich wieder ans Ufer zu meinem Lehrer, der die ganze Zeit zugeschaut hatte. Er freute sich mit mir, dass es so gut geklappt hatte und meinte, ich sei begabt. (Ja, ja, so ist das: Wenn man die Dinge gut macht, die einem ein Lehrer sagt, ist man gleich begabt ...)

Also fragte ich ihn nach dem nächsten Tipp, was er glaube, worauf es in meinem speziellen Fall bei der Wende ankäme. Welcher Tipp würde mir am meisten nutzen? Wieder gab er mir einen sehr treffenden, und so ging das dann noch eine Weile weiter. Als ich nicht mehr konnte, fuhr ich erschöpft, aber locker zu ihm hin und er meinte, einen Schüler, der so schnell lernt, hätte er noch nie gehabt. Tja – nur liegt das nicht an der Begabung, sondern daran, dass ein Tipp an der richtigen Stelle und zum richtigen Zeitpunkt wesentlich wertvoller ist als das übliche Überladen mit unverwertbarem Wissensballast.

Hier noch eine Liste von starken Fragen, die zum Wesentlichen führen:

- Was bewegt mich im Moment?

- Was würde ich tun und denken, wenn ich tun und denken könnte, was ich wollte?

- Warum tue und denke ich nicht, was ich eigentlich will?

- Was will ich in zehn Jahren erreicht haben?

- Was bringt mich in Balance?

- Was ist der besondere Reiz von Herausforderungen?

- Was würde mir manches erleichtern, wenn ich es loslasse?

- Was ist einzigartig an mir?

Der Inner Game Trainer möchte mit seinen Fragen dem Teilnehmer helfen herauszufinden, wie er aus schwachen Fragen wie „Wie geht das?" über stärkere Fragen wie „Ich möchte herausfinden, warum es nicht geht" schließlich zur einzigen Frage kommt, die tatsächlich nicht er selbst beantworten kann, nämlich „Könntest du bei mir einmal auf dies oder jenes achten und mir sagen, was dir auffällt?"

Aus dem Teufelskreis, Antworten auf nicht gestellte Fragen zu geben, wird ein echter Kreislauf: Der Lehrer, Trainer oder Redner zeigt durch die richtigen Fragen sein echtes Interesse und mobilisiert damit das Nachdenken des Zuhörers. Dieses wiederum führt zu Fragen seinerseits, auf die dann Antworten folgen oder die neue Fragen aufwerfen. Die Folge ist, dass alle beteiligt sind, die Themen interessant und bewegend bleiben und keine Motivation von außen stattfinden muss. Es ist genauso einfach wie unüblich!

„Fragen sind wie Geschenke.
Wenn man sie aufmacht, sind Antworten drin!"
Ein Seminarteilnehmer

Wahrnehmung erweitern

„Um blind zu treffen, muss man sehend sein."
Inner Game Weisheit

Wir nehmen in der Regel vor allem das Offensichtliche wahr, zu vergleichen mit der Normaleinstellung bei einem Fotoapparat. Bei Dingen, die uns besonders interessieren, stellen wir scharf und holen diese mit dem Teleobjektiv näher oder gar mit dem Makro ganz nahe heran. Um uns einen Überblick zu verschaffen, stellen wir auf Weitwinkel. Es gibt aber auch Bereiche, die wir nicht sehen und die dennoch da sind. Denken Sie zum Beispiel an Ihre inneren Organe, die sie weder sehen noch spüren, die aber dennoch vorhanden sind. Um sie erkennen zu können, braucht man den Röntgenblick, den Blick, der nach innen schauen kann.

Die Wahrnehmung zu erweitern und vor allem auch nach innen zu richten, ist eines der Ziele beim Lernen mit Inner Game. Man lernt dabei, wieder auf sich selbst zu hören und alle Sinne dafür einzusetzen. Allein dadurch, dass Sie beim Tun etwas bemerken und Ihre Wahrnehmung darauf lenken, beginnen Sie zu lernen. Es erhellt sich so wie eine Stelle im Dunkeln, die von dem Lichtkegel einer Taschenlampe angestrahlt wird.

So können wir unsere Wahrnehmung gezielt ausdehnen. Sie können auf Ihre Atmung achten, in Ihrem Körper nach Verspannungen spüren, darauf achten, wie sich etwas anfühlt. Lenken Sie Ihre Wahrnehmung beispielsweise darauf, sich wie eine Katze zu bewegen, werden sich Ihre Bewegungen verändern. Wenn Sie mit lachenden Knien joggen, wird sich Ihre Art zu laufen verändern. Oder Sie lenken Ihre Wahrnehmung auf vergangene schöne Erlebnisse, und schon kann sich Ihre Befindlichkeit ändern.

Mit den vielen Wahrnehmungsmöglichkeiten zu spielen führt zwangsläufig zu einer Erweiterung Ihrer Wahrnehmung. Dabei merkt man dann auch, welchen Begrenzungen der bisherige Blick ausgesetzt war. Denn in der Regel sind wir gewohnt, auch unterstützt durch unsere Umwelt, unsere Wahrnehmung eher auf Negatives zu richten, auf das, was nicht funktioniert, was man nicht kann, was begrenzt, hindert usw. Achten Sie in Ihrem Umfeld einmal darauf, wie schnell Menschen dabei sind zu beweisen, warum etwas nicht geht. Versuchen Sie einmal gewohnte Denkbegrenzungen zu verlassen und erzählen Sie anderen davon. Sie werden so viel zweifelnden „Zuspruch" bekommen, dass Sie sich möglicherweise überzeugen lassen und Ihre bis dahin tolle Idee ebenfalls für unrealistisch halten.

Nicht nur beim Lernen sind wir gewohnt, unsere Wahrnehmung hauptsächlich auf Äußerlichkeiten zu richten, darauf, wie etwas zu sein hat, wie es aussieht, was andere dazu meinen – nicht aber darauf, was in uns im Moment vorgeht. Die starke Fixierung auf das Äußere, auf das Sichtbare, Greifbare, Messbare führt dazu, dass unsere Wahrnehmung von dem, was in uns abläuft, immer mehr verkümmert. Mögliche Folgen sind zum Beispiel Überarbeitung, weil wir nicht merken, wann es uns zuviel wird, das Bedürfnis nach immer mehr äußeren Reizen und Ablenkungen, weil wir innerlich abgestumpft sind, Krankheiten, deren Entstehung nicht wahrgenommen wurde, fehlendes Selbstvertrauen, weil wir keinen Zugang zu den eigenen Kräften und zur Lebensfreude mehr haben. Kurz, vieles wird nicht wahrgenommen, obwohl es vorhanden ist.

Da wir uns mit dem Inner Game Ansatz öfter jenseits dessen bewegen, was bereits bewiesen und erforscht ist, hören wir häufig „Das geht nicht", „Das kann nicht sein". Manche werden regelrecht ärgerlich bei der Vorstellung, dass Lernen mit Freude verbunden sein kann, dass man Wahlmöglichkeiten hat, dass man selbst bestimmen kann, welche Wege man geht, usw. Paradoxerweise glauben viele Menschen, sie könnten innere Sicherheit erlangen, indem sie sich an „wissenschaftlich bewiesene Tatsachen" klammern. Das Ziel sollte daher sein, eher auf das eigene innere Spiel zu hören als auf äußere Vorgaben.

Etwas plastischer macht es vielleicht das Beispiel eines Seminarteilnehmers beim Bogenschießen innerhalb eines Führungskräfteseminars. Nach einigen Versuchen ohne jegliche technische Anleitung traf er regelmäßig in den inneren Bereich der Zielscheibe. Dennoch fragte er ständig, wie er es denn richtig machen könne. Ich sagte ihm, genau so, wie er es macht, sei es richtig. Das konnte er nicht gelten lassen und fragte hartnäckig weiter. Seine Trefferquote blieb genau so hoch bzw. verbesserte sich noch. Als er dennoch immer wieder die Frage stellte, wie denn nun Bogenschießen ginge, merkte ich, dass er die Frage ernst meinte und antwortete ihm.

Inner Game Trainer: Ich werde Ihnen auf diese Frage keine Antwort geben, da Sie sie offensichtlich kennen, sonst würden Sie nicht treffen.

Teilnehmer: Das mit dem Treffen ist Zufall. Ich kann nicht Bogenschießen.

IT: Warum nicht?

TN: Weil mir keiner gesagt und gezeigt hat, wie es geht.

IT: Aber es geht doch!

NT: Ja, aber das ist Zufall.

IT: Wie lange müssen Sie gut treffen, bis bei Ihnen der Zufall zur Regel wird?

TN: Das wird nie der Fall sein, weil ich nicht weiß, wie es geht!

Dieses zugegebenermaßen extreme Beispiel verdeutlicht, wie verschüttet die eigene Wahrnehmungsfähigkeit sein kann, wenn es selbst offensichtliche und greifbare Ergebnisse dem Teilnehmer nicht ermöglichen, seine „Ich kann nicht – das darf nicht sein – Wahrnehmung" loszulassen und die Realität zu akzeptieren. Für diesen Teilnehmer war das übrigens das Schlüsselerlebnis überhaupt. Es ermöglichte ihm, einmal genau hinzuschauen, wie fremdbestimmt er sein Leben und seine Arbeit bis dahin gemacht hatte.

Der Schlüssel für jegliche Form des Lernens und des erfolgreichen Umgangs mit Veränderungen ist deshalb die Erweiterung der eigenen Wahrnehmung.

*„Schau nur nicht irgendwo hin,
sonst ist da auch noch ein Weg!"*
Ein Seminarteilnehmer

Lust auf Veränderung

Alle sprechen heute davon, dass sich dies und jenes ändern muss, dass sie sich verändern müssen, dass Veränderung zur ständigen Begleiterscheinung des beruflichen Lebens geworden ist. Wie das Wort „muss" schon deutlich macht, haben die wenigsten Menschen Spaß daran. Woran liegt das?

- Veränderung heißt Trennung von Altem, Gewohntem, Vertrautem.

- Veränderungen sind Prozesse, bei denen Bestehendes durch etwas Neugestaltetes ergänzt oder ersetzt wird.

- Eine veränderte Situation stellt eine Herausforderung dar.

- Im Leben ist jeder Mensch immer wieder mit Veränderungen, die er als unangenehm empfindet, konfrontiert.

Aus diesen Gründen wird jede Phase der Konstanz möglichst lange gehalten. Denn Veränderungen verlangen, Bestehendes in Frage zu stellen und nach neuen Lösungen Ausschau zu halten. Von Person zu Person fallen die Reaktionen auf die jeweiligen Herausforderungen individuell verschieden aus, abhängig auch von der jeweiligen Situation, dem Leidensdruck oder der Anziehungskraft des neuen Zustandes. Unabhängig davon verlaufen Veränderungsprozesse in ähnlicher Art und Weise. Die Übersicht über die Phasen der Veränderung auf den nächsten beiden Seiten zeigt Ihnen, was charakteristisch ist, welche Qualitäten nötig sind, um Veränderungen erfolgreich zu meistern, und was im Einzelnen zu tun ist.

Es ist eine Tatsache, dass Veränderung uns unser ganzes Leben lang begleitet und zum Leben gehört. Jeder Mensch erlebt ständig Beispiele für Veränderungen: Jahreszeiten, die die Abläufe in der Natur bestimmen. Ein Samen, der zu einem Baum wird. Eine Felsenküste, die vom Meer ausgewaschen wird. Die Erde, bei der sich die durchschnittliche Erdtemperatur erhöht hat. Der Weg des Menschen von der Geburt bis zum Tod. Das Zusammenleben in einer Partnerschaft und mit Freunden. Der Weg vom Berufsanfänger zum Routinier. Die eigenen Fähigkeiten, Einstellungen und Bedürfnisse sowie die der Gesellschaft wandeln sich. Ein Unternehmen, eine Verwaltung verändert das Selbstverständnis, die Arbeitsstrukturen und die Leistungen. Das Urteil über einen Menschen wird im Gespräch revidiert. Die eigene Einstellung zu einem Thema wird neu überdacht. Und das Wetter ... ändert sich sowieso dauernd.

Weiterentwicklung ist ein Naturprinzip und sinnvoll – sonst würde es kein Leben geben. Doch sind alle Veränderungen und Entwicklungen sinnvoll? Im Einzelnen sicherlich nicht. Vieles vollzieht sich dabei nicht in logischer Abfolge nach einem kausalen Zusammenhang, sondern unterliegt der Vorgehensweise von „Versuch und Irrtum" sowie bestimmten Zyklen und Entwicklungsphasen. Außerdem gibt es in der Geschichte gewisse Entwicklungssprünge, z.B. als der Mensch das Feuer nutzbar machte.

Je selbstverständlicher der einzelne Mensch Veränderungen als natürlichen Prozess begreift, und je bewusster er sich selbst und seine Umwelt wahrnimmt, desto besser wird er die anstehenden Situationen und Aufgaben meistern können. Er hat dann die Entscheidung zu treffen, ob er abwarten, sich wehren oder in welcher Form er sich auf die neue Situation einlassen will.

„Nichts ist sicher, außer der Tod" sagt der Volksmund. Habe ich erst einmal akzeptiert und an mich herangelassen, dass Veränderungen ein unausweichlicher Bestandteil unseres Lebens sind, dann ist der nächste Schritt, so damit umgehen zu lernen, dass man nicht Spielball dieser Kräfte wird, sondern selbst eine aktive Rolle darin spielt. Denn Veränderung heißt letztlich, das zu werden, was man ist.

„Man muss lernen zu jammern ohne zu klagen!"
Inner Game Weisheit

Vorbereitungsphase	Veränderungsphase
Was ist charakteristisch? ...	**Was ist charakteristisch?** ...
- Ungewissheit und Unsicherheit - Unzufriedenheit - Wunsch nach Veränderung - Entscheidungssituation	- Bei Handlungen wird die Konfrontation von Alt und Neu erlebt - Spürbare Erfahrungen: Unsicherheit und Widerstände
Welche Qualitäten sind nötig? ...	**Welche Qualitäten sind** ...
- Ziel, Vision - Loslassen von Altem - Offenheit für Neues - Vertrauen in sich und andere - Entscheidungsfähigkeit/-kraft	- Mut - Gelassenheit, innere Ru - Lernfähigkeit - Kreativität, Flexibilität Sensibilität
Was tun? ... **Was tun?** ...	**Was tun?** ... **Was tun?** ... **Was t**
- Sich Klarheit verschaffen - Orientierung bekommen - Bewusste Entscheidungen treffen (Ziel, Weg, Zeitpunkt) - Überblick behalten	- Ziel im Auge behalten - Alte Gewohnheiten loslassen - Angemessene Lösungswege finden - Vorbereitung auf das nächste „Tal"

Konsolidierungsphase

charakteristisch? ... Was ist charakteristisch? ... Was ist

- Turbulenzen sind vorbei
- Erste Befriedigung, weil das Gröbste geschafft ist
- Wunsch nach Entspannung, Normalität und Sicherheit

... Welche Qualitäten sind nötig? ... Welche Qualitäten

- Durchhaltevermögen
- Selbstdisziplin
- Soziale Kompetenz
- Energie

Was tun? ... Was tun? ... Was tun? ... Was tun? ... Was

- Aufgabe vervollständigen und Lösungen verfeinern
- Absicherung des Erreichten
- Verankern neuer Gewohnheiten

Die Erotik des Versagens

„Lieber etwas nicht können und sich dabei gut fühlen, als etwas nicht können und sich dabei schlecht fühlen!"
Inner Game Weisheit

Vor einiger Zeit sagte ein Seminarteilnehmer, ein erfolgreicher Arzt, dass er im Verlauf des Seminares für sich die Erotik des Versagens entdeckt hätte. Gewohnt, vieles meist mit großer Anstrengung zu erreichen, nahm ihm allein der Gedanke, dass das Versagen auch einmal erlaubt sein könnte, eine große Last von den Schultern. Es war für ihn eine neue und besondere Erfahrung des Geschehenlassens, des Sichgehenlassens und des Genießens. Man muss nicht alles können, man muss nicht immer erfolgreich sein, sondern darf etwas nicht können und sich dabei wohl fühlen.

Es mag provozierend, ja gar widersprüchlich klingen, aber die Erotik des Versagens oder die Lust am Scheitern ist ein wesentlicher Faktor, um erfolgreich zu sein. Denn sie führt vor allem zu einem: Die Angst zu scheitern verschwindet. Diese Angst wiederum führt nicht nur zu Anspannung, sondern auch zu einer ständigen Präsenz des Scheiterns. Das wiederum kann in entscheidenden Momenten derart zu Unsicherheit führen, dass man nicht zuletzt genau deswegen scheitert.

Umgekehrt führt die weit verbreitete Fixierung auf den Erfolg zu ähnlichen Phänomenen. Hier liegt der unbedingte Wille erfolgreich zu sein zugrunde. Misserfolg wird als schlecht, als negativ angesehen und alle Kräfte werden eingesetzt, um ihn zu vermeiden. Fehler zu machen ist nach dieser Grundhaltung ebensowenig erlaubt, wie das Misslingen schlechthin. Erfolg wird zu einem Götzen, an den man kritiklos glaubt.

Erfolg ist gut, Misserfolg schlecht. Das führt oft so weit, dass die Realisierbarkeit von Zielen überhaupt nicht mehr geprüft wird. „Wir müssen Erfolg haben, koste es, was es wolle". Diese starre Fixierung auf den Erfolg führt genauso zu Verkrampfungen wie die Vermeidung von Misserfolg. Außerdem ist dieser Druck auf Dauer so anstrengend, dass der Misserfolg vorprogrammiert ist.

Manche erwarten sogar dort Erfolg, wo das noch gar nicht möglich ist. So erwarten beispielsweise beim Bogenschießen viele Seminarteilnehmer, die noch nie einen Bogen in der Hand hatten, dass sie beim ersten Mal treffen, und ärgern sich, wenn sie daneben schießen. Sie erlauben sich nicht zu lernen und sehen nicht, dass für den Beginner Misserfolg die Regel und Erfolg Zufall ist.

Ein anderes verbreitetes Thema ist die ewige Jugend. Jung, braun, dynamisch und belastbar heißt erfolgreich sein, und viele arbeiten ständig daran, diesem Ideal zu entsprechen. Nirgends wird offensichtlicher als beispielsweise bei der äußeren Schönheit, wie vergeblich der Versuch ewigen Erfolges ist. Die Lust am Scheitern würde hier zu einer entspannten und gelassenen Grundhaltung führen. Innere Schönheit kann sich entwickeln. Statt zu versuchen, bei der Geschwindigkeit der Jugend mitzuhalten, kann altersbedingtes Langsamerwerden durch Weisheit kompensiert werden. Etwas sein zu wollen, was man nicht ist oder nicht mehr ist, einen Erfolg erreichen zu wollen, der keine realistische Basis hat, führt zu einem Scheitern, an dem man zerbrechen kann. Die frühe Kultivierung der Lust am Scheitern ist dagegen dauerhaft erfolgreich!

Die landläufige Meinung ist jedoch, dass allein der Erfolg mit Glück verbunden ist. „Wenn ich dieses und jenes erreicht habe, bin ich glücklich" oder „Wenn ich so gut bin, wie jener dort, dann bin ich glücklich"! Dabei passiert Folgendes: Zum einen richtet man seinen Blick wieder ausschließlich auf den zukünftigen Erfolg und ärgert sich unterwegs über jedes scheinbare Scheitern. Man hadert mit sich. Und wenn man schließlich am Ziel angekommen ist, bleibt nur ein fades Gefühl. Keine Spur von Glücklichsein. Kein Wunder – bei dem schrecklichen und anstrengenden Weg, den man bis dahin gegangen ist.

Bei einem Skiseminar mit einer Gruppe von Beginnern habe ich die Teilnehmer einmal anderen Skifahrern zuschauen lassen, mit der Aufforderung „Zeigt mir Skifahrer, die so gut fahren, dass ihr sehr glücklich wärt, wenn ihr das jetzt auch so könntet". Und sie zeigten auf diesen und jenen Skifahrer. Als ich meine Teilnehmer dann fragte, ob diese Skifahrer denn glücklich wirkten, stellten sie fest, dass kaum einer wirklich glücklich aussah. Im Gegenteil, teils verbissen, teils sehr ernst und kämpferisch, teils vollkommen gleichgültig fuhren diese Könner den Hang hinunter. Auf die Frage, ob wir mit unseren Glücksgefühlen beim Skifahren warten sollten bis zu einem gewissen Grad des Könnens, nur um dann gar keine mehr zu haben, waren wir uns einig, dass wir die auch gleich haben können. Und mit viel Lachen und Spaß erforschten wir die Kunst der Kontaktaufnahme mit dem Schnee.

Wenn man akzeptiert, dass Gelingen und Scheitern zusammengehören und dass die Lust am Scheitern sogar zu einem Mehr an Gelingen führt, kann man sich endgültig von dem weit verbreiteten „Ich kann nicht" verabschieden. Denn diese Einstellung ist nichts anderes als das ständige Ausweichen vor einem möglichen Scheitern. Wer aber, womöglich gewohnheitsmäßig, kapituliert, ohne überhaupt einen Versuch gemacht zu haben, dessen Selbstvertrauen wird durch diese Vorgehensweise bestimmt nicht gestärkt werden. So ist das eigentlich Fatale an dieser Haltung, dass Minderwertigkeitsgefühle vorprogrammiert sind und dass das Vertrauen in die eigenen Fähigkeiten und Möglichkeiten unbegründeterweise immer mehr schrumpft. Folge eines Aufaddierens des Nichtversuchthabens. Und es überrascht mich immer wieder, wie viele Menschen zu etwas „Ich kann das nicht" sagen, ohne es jemals vorher ausprobiert zu haben.

Die positive Umkehrung von „Ich kann nicht" ist allerdings nicht ein unreflektiertes „Ich kann alles", wie es von manchen Positiv-Denken-Gurus an den Mann und die Frau gebracht wird. Das „Ich kann", das ich meine, ist getragen von innerer Stärke, von Vertrauen, von Ehrlichkeit sich selbst gegenüber, von Neugierde und vor allem vom Mut, sich auf Fehlschläge und missglückte Versuche einzustellen.

Scheitern will gelernt sein!

Es gab einmal einen Menschen, der konnte so viel und es fiel ihm so leicht, alles zu lernen, dass er unbedingt einmal erleben wollte, wie es ist, etwas nicht zu schaffen, zu scheitern. Und da er schon manches Mal erlebt hatte, dass er nicht so geschickt mit den Händen war, wählte er das Jonglieren. Man hatte ihm gesagt, dass das äußerst schwierig sei, und daher hielt er es für ein gutes Übungsfeld.

Voller Tatendrang besorgte er sich drei Bälle und fing an zu üben. Er warf die Bälle in die Luft und freute sich darüber, wie sie auf den Boden purzelten, hob sie auf, warf sie wieder in die Luft, um sie anschließend wieder vom Boden aufzuheben. Er war glücklich darüber, dass ihm das Jonglieren nicht gelang, ja es machte ihm viel Spaß, immer wieder die Bälle einzusammeln.

Aber halt, was war das? Plötzlich lagen nur noch zwei Bälle auf dem Boden und einen hielt er in der Hand! Wie konnte das geschehen? Er machte weiter und immer wieder kam es vor, dass er einen Ball in der Hand hielt. Aber einen Ball fangen ist ja nicht Jonglieren, und so war er immer noch sehr zufrieden mit sich. Er fuhr fort und es dauerte nicht lange, da hatte er zwei Bälle in der Hand und nur noch ein Ball lag auf dem Boden. Da zog sich in ihm alles zusammen. Würde es wieder nicht klappen, das Scheitern zu lernen? Er war frustriert, wollte aber noch ein paar Versuche machen. Zaghaft, an sich zweifelnd und voller Beklemmung warf er also die Bälle noch einmal in die Luft und siehe da, sie fielen wieder alle auf den Boden. Er machte es noch ein paar Mal und als sie immer wieder auf den Boden fielen, begann er sich wieder zu freuen und alle Anspannung fiel von ihm ab. Er würde es schaffen zu scheitern.

Kaum hatte er begonnen, sich wieder richtig zu freuen, hatte er schon wieder zwei Bälle in der Hand und kurz darauf flogen alle durch die Luft, ohne dass einer auf den Boden fiel.

In diesem Augenblick kam ein Freund ins Zimmer und sagte „Mensch, du kannst ja jonglieren, was du nicht alles kannst!" Daraufhin legte er die Bälle weg und erzählte seinem Freund, was er vorgehabt hatte und was dabei rausgekommen war. Und gemeinsam fanden sie heraus, dass man nur dann richtig gut scheitern kann, wenn man sich ordentlich verkrampft, wenn man an sich zweifelt, wenn man die Luft anhält, wenn man Angst hat, Fehler zu machen, wenn man die Dinge nicht loslässt. Etwas traurig, es wieder nicht geschafft zu haben, saß er da, als sein Freund plötzlich sagte: "Du hast es eben doch geschafft, du bist gescheitert an dem Versuch zu scheitern und hast dabei auch noch Jonglieren gelernt, herzlichen Glückwunsch!"

PS. Dieses Kapitel schrieb ich am 1. Februar 2000 auf La Gomera. An diesem Morgen wollte ich zum Wachwerden joggen, was aufgrund von Knieproblemen nicht möglich war. Ich schwamm ein paar Züge im sehr kalten Pool und musste dann noch eine halbe Stunde warten, bis es Frühstück gab. Dabei hatte ich Muße, meine Lustlosigkeit weiter zu kultivieren. Fragen tauchten auf wie „Ob ich wohl bald dieses Buch fertig habe?", „Warum muss ich eigentlich überhaupt dieses Buch schreiben?" Als ich mich schließlich zu meinem Notebook begab, war mal wieder kein Strom da. Und als ich dann reichlich missmutig in meine Gliederung schaute, dachte ich nur: „Was soll ich denn zu den Kapiteln, die mir noch fehlen, jetzt schreiben? Ich könnte sie ja auch einfach weglassen." Das war genau die richtige Stimmung für das Kapitel „Die Erotik des Versagens" und ich kam überraschend gut ins Schreiben. Nach etwa zweieinhalb Seiten stürzte der Computer ab! Und das alles ist nicht erfunden!

Der Fluch der Kreativität

Schon wieder ein Kapitel mit einer paradoxen Aussage? Nicht ganz, denn die viel gerühmte und gesuchte Kreativität ist ein Irrtum, von dem einige allerdings ganz gut leben. Wie bei vielen anderen Wünschen wird auch beim „Ich möchte kreativer sein" überhaupt nicht weitergedacht, nämlich wozu eigentlich! Stellen Sie sich einen kreativen Zahnarzt vor, der ständig die Vielseitigkeit seiner Bohrer und die verschiedenen Farben seiner Füllungen an Ihnen ausprobiert. Oder den kreativen Gärtner beim Büsche schneiden, den Banker beim Geld auszahlen. Nirgends ist besondere Kreativität angebracht. Aber dennoch haben viele den Wunsch kreativer zu sein, z.B. um auf neue Ideen zu kommen oder sich künstlerisch auszudrücken.

Dazu braucht es jedoch keine Techniken, sondern nur Erinnerungsvermögen. Denn alle Kreativität ist in uns vorhanden, was die Kunst anbelangt natürlich mit unterschiedlichen Anlagen und Begabungen. Jeder Mensch kann malen, singen, musizieren, dichten und Ideen haben, so viel er will. Den Zugang dazu findet er in sich. Aber warum scheint dieser Zugang für viele derart verschlossen, dass sie hoffen, durch bestimmte äußere Techniken kreativ zu werden?

Auch hier spielt die Erziehung eine wesentliche Rolle. Haben Sie schon einmal Kinder erlebt, von denen Sie sagen würden, dass sie nicht kreativ sind? Kaum, aber mit dieser ihnen eigenen Kreativität, der Lust am Erforschen und Hinterfragen, bekommen sie spätestens in der Schule Probleme. Gewünscht werden keine kreativen und damit schwerer lenkbaren Menschen, sondern solche, die gut reproduzieren können und sich dem System anpassen. Dauerhaft kreatives Verhalten wäre für den Lehrer ein Problem, und daher für den Schüler irgendwann ein Fluch. Das setzt sich im Berufsleben konsequent fort. Kreativität mit seinen verschiedenen Facetten ist nicht gefragt. Selbst in den so genannten kreativen Berufen wird nur ein bestimmter Teil Kreativität gewünscht. Entspricht jemand nicht mehr diesen

Normen, fällt er genauso schnell aus dem (scheinbar kreativen) System wie in allen nicht kreativen Berufen.

Betrachten wir einmal die offensichtlichen Nachteile, wenn man kreativ ist:

- Wer kreativ ist, muss sich dauernd mit einer Fülle von Ideen herumschlagen.
- Daraus eine Entscheidung zu treffen, fällt schwer.
- Da es diese Ideen bis dahin nicht gab, wird man für verrückt gehalten.
- Bestehende Systeme fühlen sich bedroht und schlagen zurück.
- Zu viele Ideen werden nur bei Spinnern oder Künstlern akzeptiert.
- Zu jedem Mist, zu jedem Anlass fällt einem etwas ein.
- Selbst einen Rasen ordentlich in Bahnen zu mähen, fällt schwer.
- In fast allen Berufen macht man sich unbeliebt.
- Schlussendlich wird man Kreativitätstrainer oder haut sich auf den Kopf in der Hoffnung, sein Kreativitätszentrum zu erledigen.

Also lassen Sie lieber die Finger weg von Kreativität, es bewährt sich nicht!

Oder gibt es daran doch etwas Sinnvolles, etwas Verlockendes, etwas, das die Nachteile in einem anderen Licht erscheinen lässt? Ich glaube, der Wunsch nach Kreativität ist nichts anderes als der Wunsch, Grenzen zu überwinden und sich für Neues zu öffnen. Das beginnt in der Regel mit einer schlichten Erlaubnis sich selbst gegenüber. Nehmen Sie ein körperliches Beispiel. Malen Sie, wie Sie es gelernt haben, und Sie finden sich ruck, zuck Ihren Grenzen gegenüber. Und dann malen Sie einfach über Ihre Grenzen hinweg. Das braucht keine Technik, das braucht die Entscheidung, es sich zu erlauben. Nehmen Sie als Beispiel das Tanzen und tanzen Sie über Ihre Grenzen hinweg. Sie werden feststellen, wie sich erst zaghaft und dann immer mehr Ihre Kreativität zu Wort meldet und Sie ganz überraschende Bewegungen ausführen können.

Und so funktioniert das mit allem, wo Sie glauben mehr Kreativität zu brauchen. Es geschieht letzlich in Ihrem Kopf. Gehen Sie an die Grenze heran und wagen Sie sich hinüber. Akzeptieren Sie dabei die anfangs unsicheren und unbeholfenen Schritte und gehen Sie weiter. Je mehr Sie die Grenze ausdehnen und je länger Sie jenseits Ihrer Begrenzungen „spielen", desto sicherer und freier fühlen Sie sich dort. Und Ihre sprudelnde Kreativität lässt sich nicht mehr aufhalten. Ein Phänomen ist übrigens, dass es nicht nachlässt, sondern immer mehr wird. Wir Menschen haben nicht eine bestimmte Menge Kreativität in uns, sondern ein unerschöpfliches Reservoir, das sich um so schneller füllt, je mehr wir daraus entnehmen.

Und noch etwas: Über Ihre eigenen Grenzen kann Sie weder ein Mensch noch eine Methode hinübertragen!

„Kreativität – zu Nebenwirkungen fragen Sie Ihren Arzt, Apotheker oder Ihren Vorgesetzten."
Inner Game Weisheit

Erst lassen, dann tun

„Die ganze Zeit reicht nicht fürs halbe Tun, die halbe Zeit aber fürs ganze Lassen."
Inner Game Weisheit

Als ich dieses Kapitel beginnen wollte, habe ich es erst einmal gelassen. Stattdessen habe ich jongliert und dabei gemerkt, wie verlockend es ist, die Augen zu schließen. Ich schloss die Augen und sofort stellte sich ein unangenehmes Gefühl der Unsicherheit ein. Dabei ist das Schlimmste, was passieren kann, dass der Ball runterfällt. Mir war aber eher so, als könnte ich selbst runterfallen. Als ich das merkte, konnte ich das Gefühl loslassen. Über das Loslassen fiel mir plötzlich ein, dass Loslassen vielleicht das wichtigste Lassen überhaupt ist, und prompt fielen mir jede Menge „Lassens" ein, nämlich auslassen, weglassen, überlassen, fallen lassen, sausen lassen, hinterlassen, dalassen, zurücklassen, vorbeilassen, in Ruhe lassen, Wasser lassen ...

Ich jonglierte weiter und dachte über das Tun nach. Das war nicht so ergiebig, was vielleicht beweist, dass Tun nicht so bedeutend ist. Mir fiel dazu nämlich nur ein: Tunichtgut, Tunsel (ein Ort in meiner Nähe), so tun als ob. Sie sehen, es lief nicht so recht mit dem Tun, und so ließ ich auch das Jonglieren, um nun dieses Kapitel zu tun. Sie sehen „Erst lassen, dann tun" funktioniert. Aber Spaß beiseite.

Als ich im Urlaub mal wieder eine längere Lassensphase hatte, stellte ich plötzlich fest, dass viel von meinem Tun nur das Ziel hat, später einmal etwas lassen zu können. Arbeiten, um Urlaub zu machen, schnell arbeiten, um früher fertig zu werden, Gartenarbeit, um den Garten zu genießen, erfolgreich sein, um genug Geld zu haben, u.v.m.

Folgende These stellte ich auf:
Ein großer Teil des Tuns dient dem Erreichen des Lassens.

Um das zu erreichen, gibt es so viel zu tun, dass man dafür die ganze Zeit braucht! Vor lauter Tun bleibt keine Zeit zu lassen. Und je schneller man tut, umso mehr Tun kommt dazu. Kurz, man wird nie fertig!

Daraus ergab sich die zweite These:
Wenn ich nie fertig werde, kann ich aufhören zu versuchen, fertig zu werden.

Die Schlussfolgerung:
Ich kann lassen, ohne fertig zu sein.

Das Fazit:
Erst lassen und dann tun!

Dann besteht keine Gefahr mehr, dass das Tun einen so in Beschlag nimmt, dass man das Lassen wieder auf später verschiebt, es also wieder nicht stattfindet!

Beim Jonglieren bedeutet die Aussage „Erst lassen, dann tun" einfach, dass ein Ball weg sein muss, bevor der nächste kommt. Man lässt ihn los. Übertragen kann man das auch auf andere Bereiche, z.B. lassen im Sinne von ausruhen, Energie auftanken, sich Zeit lassen, wirken lassen, entstehen lassen. Phasen einbauen, die nichts mit Tun zu tun haben. Auch der Schlaf ist eine Form des Lassens.

Je nachdem, was und wie viel wir tun, braucht es dazwischen Lassensphasen, sonst werden Dinge überlagert, können nicht reifen. So ist es nicht nur beim Lernen sinnvoll, Pausen zu machen, damit sich der Stoff setzen kann.

Wenn wir nicht genug „lassen", merken wir das daran, dass wir erschöpft und ausgelaugt sind. Aber im Prinzip weiß das jeder von uns und nimmt sich auch immer wieder vor, solche Lassensphasen einzubauen. Aber dann ist da wieder das Tun, der Alltag und es bleibt keine Zeit mehr für das Lassen!

Eindrücklich wird das für mich auch an dem weit verbreiteten Wenn-Dann-Spiel, das Sie vielleicht auch schon mal gespielt haben. Menschen, die es spielen, sagen zum Beispiel ...

- Wenn ich groß bin, dann ...

- Wenn ich 18 bin, dann ...

- Wenn ich Geld habe, dann ...

- Wenn ich Zeit habe, dann ...

- Wenn ich erst einmal diese Position habe, dann ...

- Wenn ich könnte, wie ich wollte, dann ...

- Wenn ich einen anderen Chef hätte, dann ...

- Wenn die Welt nicht so schlecht wäre, dann ...

- Wenn das Schulsystem anders wäre, dann ...

- Wenn ich das damals anders gemacht hätte, dann ...

- Wenn ich erst einmal in Rente bin, dann ...

- Wenn ich bis dahin nicht gestorben bin, dann ...

Sie können das Wenn-Dann-Spiel beliebig fortführen. Es macht offenbar Spaß, sonst würden es nicht so viele ständig spielen. Sie können es aber auch lassen!

Exzellenz statt Perfektion

Als ich vor einiger Zeit als Referent auf einem Kongress auftrat, kam ich zu früh an und die Kongressorganisation war noch mitten in den Vorbereitungen. Da war eine Hektik, ein Rufen, ein Kommen und Gehen und ich sah, dass viele der Mitarbeiter mit verbissenen Mienen damit beschäftigt waren, Stühle auszupacken. Auf meine Nachfrage erfuhr ich, dass die Stühle wegen einer Panne auf der Autobahn zu spät angekommen waren und man jetzt unter großem Druck stand, sie noch rechtzeitig zur Veranstaltung auszupacken.

Kongressorganisationen müssen perfekt sein, das ist eine der wichtigsten Grundannahmen. Die Veranstalter waren jedenfalls nahezu panisch. Ich schlug vor, sie sollten doch einfach jedem Teilnehmer einen Stuhl in die Hand drücken und das gemeinsame Auspacken als Eröffnungsperformance deklarieren. Sie hätten dann keinen Stress und die Teilnehmer würden sich auf unterhaltsame Art näher kommen und sich kennen lernen. Und vor allem würde die herumliegende Verpackung dem Raum doch zu einer interessanten Dekoration verhelfen. Ich meinte es ernst, aber sie schauten mich nur entgeistert an und arbeiteten noch schneller, wodurch sie noch langsamer wurden. Sie schafften es nicht rechtzeitig – Perfektion statt Exzellenz eben!

Der Versuch, perfekt zu sein, muss scheitern. Wir Menschen sind keine Maschinen, die konstant auf eine vorgegebene Weise funktionieren. Alle Versuche, uns in diese Richtung zu formen oder danach zu streben, erhöhen ständig die Wahrscheinlichkeit des unfreiwilligen Scheiterns. Jenes Scheiterns, das keinen Spaß macht.

Das heißt nicht, dass es nicht durchaus Bereiche gibt, die man perfekt erledigen kann. Einzig die zu Verkrampfungen führende Verherrlichung des Perfektionismus soll hier zur Disposition gestellt werden. Dieses Streben nach dem, was als perfekt gilt, führt zu nichts anderem, als dass man sich die ganze Zeit über unvollkommen, unzulänglich, minderwertig fühlt. Das so zwangsläufig erzeugte Gefühl des ewigen, unausweichlichen Scheiterns entzieht Kraft und Energie. Einst vorhandenes Selbstvertrauen verflüchtigt sich.

Geht man stattdessen seinen Weg mit dem Bewusstsein eines Meisters, der übt, macht nicht nur der Weg selbst viel mehr Spaß. Man erlebt und erfährt, dass man exzellent sein kann, ohne perfekt zu sein. In jedem Moment des Lebens und Tuns ist diese Exzellenz zugänglich. Einzig das Streben nach Perfektion unterbindet diesen Zugang. Man muss also aufhören, perfekt sein zu wollen, um exzellent zu sein. Exzellenz ist gleichzusetzen mit dem Streben nach persönlicher Meisterschaft. Persönlich deshalb, weil sie nicht von Äußerem abhängig ist und auf Vergleiche verzichtet. Sie allein entscheiden, ja Sie spüren regelrecht diese Momente der Exzellenz. Für die Außenwelt kaum wahrnehmbar sind sie für Sie selbst doch mit großen Glücksgefühlen verbunden.

Betrachten wir einmal einige Situationen aus dem Blickwinkel des Perfektionismus und dem der Exzellenz. Sie wollen einen Vortrag zu einem bestimmten Thema halten. Die „perfekte" Vorgehensweise führt in der Regel nach dem Sammeln von Daten und Fakten zu einem Manuskript mit Eröffnung, Gliederungspunkten und Schluss. Sie haben sicher schon viele solcher „perfekten" Vorträge gehört. Egal, ob sie mehr oder weniger perfekt vorgetragen wurden, es fällt häufig schwer, sich angesprochen zu fühlen.

Wie sehen nun Vorträge aus, die man als exzellent in Erinnerung behält? Der Redner ist inhaltlich ebenso gut vorbereitet, hat aber vielleicht gar kein Manuskript dabei oder nur einige wenige Stichpunkte notiert. Er hat sich mit seinem Thema verbunden, es zu seinem eigenen gemacht. Er hat ein Anliegen, er hat etwas zu sagen und bevor er loslegt, schaut er erst einmal, wer das denn hören möchte. Er nimmt Kontakt mit Ihnen auf, schaut sich um, lässt wirken und redet mit Ihnen. Er führt Sie dann quasi zum Thema hin, immer Kontakt mit Ihnen haltend. Es ist kein Monolog, es ist ein Dialog, obwohl der Redner die ganze Zeit redet. Er ist bei sich und bei Ihnen gleichzeitig. Er möchte nicht etwas loswerden, sondern etwas zu Ihnen hinbringen. Er hält inne, er kann nach Worten suchen, ja er kann sogar den Faden verlieren, er findet ihn mit Hilfe der Zuhörer wieder. Er zeigt sich als Mensch und nicht als Redemaschine. Er ist exzellent, ohne perfekt zu sein. Denken Sie in diesem Zusammenhang einmal an unsere Politiker. Sind deren Reden so exzellent?

Ein anderes Beispiel, wo das Streben nach Perfektion das Gegenteil bewirkt, findet sich häufig in Hotels. Eine Perfektion über das selbstverständliche Mindestmaß hinaus wirkt unecht und aufgesetzt. Selbst die Freundlichkeit mit entsprechend einstudierten Sätzen wirkt abstoßend. Es ist alles standardisierte äußere Fassade und Sie merken es sofort. Es ist zwar besser als Unfreundlichkeit, aber es entsteht auch keine Resonanz. Bis die Begrüßungsfloskeln am Telefon vorbei sind, ist schon eine Telefoneinheit weg.

Das Streben nach Exzellenz würde dagegen auch hier wieder zunächst nach innen führen, indem jeder Einzelne die ihm eigenen Besonderheiten ausdrücken kann, sich Zugang zur eigenen Herzlichkeit verschafft und es erlaubt ist, diese auch auszudrücken. Dann braucht es keine Floskeln mehr und der Gast fühlt sich wirklich willkommen. Manche Hotels haben das schon erkannt und unterstützen ihre Mitarbeiter darin, ihre persönliche Exzellenz zu erkennen und zu leben. Standardisierbar und damit perfekt ist das zwar nicht, aber dafür menschlich.

Perfekt sein zu wollen oder zu glauben, perfekt sein zu müssen, plagt auch viele Lehrer. Sein Fach perfekt zu beherrschen und eine perfekte Unterrichtsvorbereitung sind oft wichtiger als ein aus dem Augenblick heraus entstehender exzellenter Unterricht. Ein exzellenter Lehrer, also ein „Lehrermeister, der übt", hat keine Angst davor, etwas nicht zu wissen oder gar von seinen Schülern überflügelt zu werden. Im Gegenteil, das können sogar besonders schöne Momente für ihn und seine Schüler sein. Seine Vorbereitung besteht eher darin, dafür zu sorgen, dass er sich im Unterricht so gut fühlt, dass er in sich ruhend Kontakt zu seinen Schülern aufnehmen und halten kann.

Es gibt noch viele Beispiele, die zeigen, wie anstrengend und destruktiv das (vergebliche) Streben nach Perfektion ist und wie leicht und genussvoll und vor allem wie oft man Exzellenz erreichen kann.

„Meisterschaft kann man nicht erlangen, nur praktizieren!"
Inner Game Weisheit

Eine weder perfekte noch exzellente Geschichte

Einst lebte ein König, der es leid war, immer mit „Eure Exzellenz" angesprochen zu werden. Da er nun schon so lange exzellent war, fand er, dass er nun perfekt sein müsse. Und so beschloss er, dass er ab sofort mit „Eure Perfektion" anzusprechen sei. Und so geschah es.

Stolz, nun alles erreicht zu haben, genoss der König seine neue Rolle und lächelte gnädig, wenn seine Untertanen ihn mit „Eure Perfektion" ansprachen. Er bemühte sich, auch diesem neuen Anspruch gerecht zu werden, indem er nichts mehr veränderte – war er doch perfekt; seine Haltung, seine Kleidung, seine Bewegungen, ja selbst seine Gedanken sollten in ihrer Perfektion erhalten bleiben, worauf er seine ganze Aufmerksamkeit richtete. Und er wurde perfekter und perfekter und sein Volk freute sich, einen so perfekten König zu haben.

Eines Tages kam ein Gaukler an den Hof, einer wie es viele gab zu jener Zeit. Aber diesem eilte ein Ruf voraus. Es wurde gesagt, er beherrsche die Kunst des Loslassens wie kein anderer und er könne darüber hinaus mit vielen Bällen und anderen Gegenständen jonglieren, so dass der Seele Flügel wüchsen. Auch der König hatte von diesem Gaukler gehört, und wenn er nicht so perfekt gewesen wäre, hätte man sogar sehen können, dass er sich freute.

Als der Gaukler ankam, hieß der König ihn zu sich kommen und sagte ihm, dass er ihm zeigen solle, wie man jongliert, in der Überzeugung, er als perfekter König würde das auch sofort können. Der Gaukler zeigte es ihm und der König probierte es. Aber die Bälle blieben in seinen Händen und nichts rührte sich. Da sprach der König zum Gaukler: „Sorge dafür, dass die Bälle fliegen!" Und der Gaukler sagte zum König: „Du musst sie loslassen." Aber das ging nicht, wäre das doch eine unschickliche Bewegung für einen perfekten König. Und der König begann sich zu ärgern und befahl dem Gaukler, so lange bei Hofe zu bleiben, bis er, der König, jonglieren könne. Er möge es ihm erklären. Und der Gaukler erklärte und erklärte viele Stunden, gab, da er darin bewandert war, sogar physikalische Unterrichtsstunden über Flugbahnen, Erdanziehung und so weiter. Der König merkte sich alles, aber die Bälle flogen nicht.

In der Zwischenzeit, wenn der Gaukler nicht beim König sein musste, hatte er bereits vielen der Untertanen das Jonglieren beigebracht, und der König wurde gewahr, wie das Leben am Hofe immer bunter, lustiger und lebendiger wurde und wie zufrieden und glücklich alle waren und jede Gelegenheit nutzten, um zu jonglieren. Nur er, der perfekte König, konnte es nicht. Und jedes Mal wenn er mit „Eure Perfektion" angesprochen wurde, was häufig vorkam, hörte sich das an, als würde sich der Sprecher irgendwie über ihn lustig machen. Er fühlte sich zunehmend unwohler.

Da gab er dem Gaukler eine letzte Chance, sonst würde er ihn ohne Bälle in den Kerker werfen. Dieser nahm seinen ganzen Mut zusammen und sagte dem König: „Eure Perfektion seid perfekt in Haltung, Äußerem, bei Tisch und auch sonst überall, aber es gibt Dinge im Leben, da nützt Euch die ganze Perfektion nichts, im Gegenteil. Dazu gehört das Jonglieren, insbesondere mit diesen Bällen, genannt dritte Bälle. Sie reagieren nur auf Lebendiges, Flexibles, auf Freude und Mut, auf Gefühle, kurz, nur auf Menschen und nicht auf Maschinen. Ihr seid, mit Verlaub, zu einer Maschine geworden und als

Maschine werdet Ihr niemals jonglieren können. Und jetzt werft mich in den Kerker!"

So hatte seit langem niemand mehr zu ihm gesprochen, genau genommen seit dem Augenblick, als er perfekt wurde. War sein Ratgeber, der mittlerweile auch im Kerker saß, damals nicht ebenso frech gewesen? Hatte ihn das damals nicht belustigt und bereichert gleichermaßen? Da fiel es dem König wie Schuppen von den Augen, dass er, seit er perfekt war, nur noch ganz wenige Dinge machte, nämlich nur die, die er perfekt konnte, und alles andere wegließ. Sein Leben war seitdem viel einseitiger geworden, er hatte sich viel weniger gefreut, ja er hatte selbst seine Lieblingsbeschäftigung, das Reiten, aufgegeben, weil es nicht perfekt aussah. Und er besann sich auf die Zeit, als er nur exzellent war, als er mit Freude und Spaß und Bewegung an Dinge herangegangen war, Kraft in sich spürte, viele Erfolge und manche Misserfolge hatte und daraus lernte. Und da ließ er nicht nur die Bälle plötzlich los, sondern auch alles perfekte Tun. Er hatte genug davon, es reichte ihm vollauf, exzellent zu sein. Und von diesem Tage an fand zur Erinnerung jährlich ein großes Fest statt, zu dem alle Untertanen, aber auch viele Gaukler und Besucher aus der ganzen Welt an den Hof kamen, um ihre exzellenten Künste vorzuführen. Und auch sein ehemaliger Berater saß, wenn auch etwas blass und abgemagert, wieder neben ihm. Und der König wetteiferte mit seinen Beratern in der Kunst des Loslassens von Perfektion und Bällen.

Und wenn sie nicht gestorben sind, jonglieren sie noch heute!

Selbstvertrauen als Erfolgsfaktor

Im heute üblichen Streben nach Erfolg und danach, schneller, schöner, jünger, reicher, glücklicher zu sein, ist den vielen Strebenden jedes Mittel recht. Erfolgsrezepte verpackt in Erfolgsbücher, dargeboten von Erfolgsmenschen, lassen keine Wünsche offen. Alles ist möglich, du kannst es, du schaffst es, du musst nur das tun, was ich tue, und schon passiert es. Wer bei dem heutigen Angebot an Erfolgsrezepten immer noch nicht erfolgreich ist, hat nichts kapiert und sollte den Kurs wiederholen, dieses Mal vielleicht mit Feuerlauf oder wie wäre der Sprung aus dem Flugzeug ohne Fallschirm? So viel Mut und für ein paar Sekunden sind Sie der erfolgreichste Mensch der Welt – was will man mehr!

Vor einiger Zeit „verirrte" sich eine Frau mittleren Alters in eines meiner offenen Spielraumseminare. Verirrte deshalb, weil sie eigentlich alles schon wusste, ihr Leben fest im Griff hatte und seit Monaten dem Rat eines „Erfolgreichen" folgte und nachts um vier Uhr aufstand, um alles genau zu planen und zu durchdenken. Sie war stolz auf sich und ihre Konsequenz, auch wenn sie etwas müde wirkte. Auf mein Nachfragen hin meinte sie, dass sie nun schon seit einigen Monaten diesem Erfolgsrezept folgen würde, sich aber nichts wirklich ändern würde, im Gegenteil.

Im Verlauf des Seminars richtete sie den Blick schließlich mehr und mehr nach innen, erkannte, was für sie wirklich wesentlich ist, bekam Kontakt zu dem, was ihr Kraft und Sicherheit gab und konnte schließlich ihre „Erfolgsmethode" wieder loslassen und ausschlafen. „Im Schlaf zum Erfolg" wäre bestimmt ein Titel, der viele anziehen würde!

Erfolg, zumindest dauerhaft befriedigender, kommt nicht von außen. Ihn außerhalb von sich selbst zu suchen, sich selbst darüber zu definieren und sein Selbstwertgefühl mit äußerem Erfolg zu verknüpfen ist fatal. Der Schluss wäre nämlich: „Wenn ich erfolgreich bin, habe ich Selbstvertrauen!" Richtig müsste es lauten: „Ich habe Selbstvertrauen, daher bin ich erfolgreich!"

„Selbst vertrauen" kann ich nur mir, meinem Selbst. „Sich selbst zu vertrauen", ist Voraussetzung, um anderen zu vertrauen. Wenn Sie schon sich selbst nicht vertrauen, wie können Sie dann einem anderen oder einer Methode vertrauen? Woher beziehen Sie dabei das Selbstvertrauen, jemandem so viel Vertrauen zu schenken?

Erinnern Sie sich einmal an Momente, von denen Sie sagen würden, dass Sie über richtig viel Selbstvertrauen verfügten. Wo empfanden Sie so? Wie abhängig war Ihr Selbstvertrauen von äußeren Gegebenheiten? Was würde sich ändern, wenn Sie dieses Gefühl öfter hätten? Was würden Sie dabei mit Erfolgsformeln und Rezepten tun?

Selbstvertrauen ist etwas, das ähnlich wie Kreativität aus uns selbst heraus erwächst. Natürlich spielen die Einflüsse unseres Lebens eine große Rolle, wie leicht oder schwer uns der Zugang dazu fällt. Er liegt aber letztlich in uns und nicht außerhalb von uns selbst.

„Vertrauen ist gut, Selbstvertrauen ist besser!"
Inner Game Weisheit

Kreation statt Reaktion

*"Besser **vor**denken, statt **nach**denken!"*
Inner Game Weisheit

Betrachten wir ein Tennismatch oder ein Fußballspiel. Nach anfänglichem Ausloten und Sichkennenlernen kommt es vor, dass eine Partei die Führung übernimmt, angreift, Druck ausübt, bestimmt, wo es lang geht. Sie kreiert das Spiel. Die andere Partei pariert, verteidigt, reagiert auf das, was auf sie zukommt.

Es ist nicht zwangsläufig so, dass die Partei, die reagiert, auch verliert, denn sie lauert auf den Moment, um aus Reaktion Kreation zu machen und selbst aktiv zu werden. Wenn sie jedoch dauerhaft und ausschließlich reagiert, kann sie nur dann gewinnen, wenn die anderen gravierende Fehler machen oder deutlich schlechter sind. Das heißt, sie ist abhängig vom Verhalten der anderen. Die reagierende Grundhaltung drückt sich wie folgt aus:

- Die Umstände sind stärker als ich selbst.

- Nur wenn sich das und das ändert, kann auch ich etwas ändern.

- Vermeidungsstrategien, d.h. vermeiden, in bestimmte Situationen zu kommen.

- Orientiere dich an den anderen und dem, was sie denken.

- Ich bin nicht gut genug.

- Ich tue (lerne) etwas, weil ich muss.

- Hätte ich früher ..., dann könnte ich heute ...!

- Sei nett.

- Das Leben ist ein Kompromiss.

- Ich kann mir nicht vertrauen.

- Ich weiß, was ich nicht will.

In diesem Denken, das übrigens sehr verbreitet ist, lernen wir beispielsweise zum Thema Kraft viel über Kraftlosigkeit, zu Selbstvertrauen etwas über Unsicherheit, zu Erfolg viel über Leiden und Mühe. Die Folge ist schließlich, dass man es nicht mehr für möglich hält, selbst Lenker seines Geschickes zu sein. Immer sind andere Menschen oder äußere Umstände dafür verantwortlich. Aber auch eigene innere Zustände werden gerne herangezogen, um sich selbst zum Opfer von Umständen zu machen, zum Beispiel Kindheitserlebnisse, Glaubenssätze, Charaktereigenschaften usw.

Im Reagieren hat man viele Mitstreiter, die sich in trauter Harmonie im Schlamm suhlen, den sie selbst immer wieder aufwühlen. Die kreierende Grundhaltung zieht klarere Gewässer vor, sie möchte den Dingen auf den Grund gehen. Die Kraft dazu kommt aus ihr selbst heraus, das gewünschte Ergebnis wird selbst bestimmt.

Um von der Reaktion zur Kreation zu kommen, bietet sich idealerweise das Grow-Modell von John Whitmore aus seinem Buch „Coaching für die Praxis" an. Wie das Wort schon sagt, geht es dabei um Wachsen. Grow folgt den vier Schritten:

G = Ziel (englisch „goal") – Was ist mein Ziel?

R = Realität – Wie sieht momentan die dazugehörige Realität aus?

O = Optionen – Welche Möglichkeiten habe ich, mein Ziel zu erreichen?

W = Was – Was tue ich konkret?

Das Modell beginnt mit der Frage nach dem Ziel. Was will ich erreichen? Je deutlicher ich mir dieses Ziel vergegenwärtige oder es gar als Vision, als Bild eines gewünschten zukünftigen Zustandes vor mir sehe, desto größer wird seine Anziehungskraft. Das Ziel sollte daher positiv sein und nicht etwas enthalten, was Sie nicht wollen.

Die anschließende Betrachtung der Realität ist ebenso wichtig. Hierzu gehört das klare Wissen um den momentanen Standpunkt in Bezug auf das Ziel. Dazu gehört auch die Betrachtung der näheren Umstände, die das Erreichen des Zieles mit beeinflussen können.

Dem Spiel der Möglichkeiten kommt eine besondere Bedeutung zu. Hier geht es noch nicht um Entscheidungen oder gar Handlungen. Diese äußerst kreative Phase dient vor allem dazu, über eigene Grenzen hinauszudenken, nicht nur offensichtliche Möglichkeiten zu finden, sondern auch ungewöhnliche oder verrückte. Diese Phase ist auch deshalb so wichtig, weil wir gelernt haben, uns Dinge schwierig zu gestalten. Und ich habe es in meiner Praxis schon häufig erlebt, dass jemand nach Herausfinden einer einfachen Lösung kopfschüttelnd vor den davor in Betracht gezogenen Lösungen stand. So hielt sich beispielsweise eine Vertriebsorganisation im Rahmen eines Meetings lange mit einem Thema des Informationsmanagements auf und war kurz davor, es zu beschließen. Ohne dass ich nähere Hintergründe kannte, schien mir die Lösung äußerst umständlich. Sie hatte den Charakter einer Arbeitsbeschaffungsmaßnahme, obwohl mehr als genug Arbeit da war. Auf mein Nachfragen hin sagte schließlich einer der Anwesenden: „Sagen wir doch, wie es ist. Herr A und Herr B haben ein Problem und diese Maßnahme soll das lösen und wir haben die Arbeit!" Die beiden Herren lösten ihr Problem im Rahmen des Meetings und allen blieb eine Menge Arbeit erspart. Solche Beispiele umständlicher Verhaltens- und Handlungsweisen gibt es zuhauf. Sich die Zeit für ein ausführliches Spiel mit den Möglichkeiten zu nehmen, kann da einiges ersparen und macht außerdem noch Spaß.

Erst danach folgt die eigentliche Handlungsphase. Nach Klärung von G, R und O ist man jetzt in der Lage, Entscheidungen zu treffen, die wirkliche kreative Kraft haben und nicht beim ersten Windhauch wieder zurückgenommen werden. Das Handeln folgt einem unsichtbaren roten Faden wie einem Gummiband, das einen zum Ziel hin zieht. Ähnlich wie ein Fluss unbeirrt und unaufhaltsam dem Weg des geringsten Widerstandes folgt, finden Sie jetzt Ihren Weg zum Ziel. Sind unüberwindliche Hürden im Weg, werden sie umflossen und umspült. All das wird getragen von der unbeirrbaren Gewissheit anzukommen.

„Lieber erschaffen als erschlaffen!"
Inner Game Weisheit

Sinnvolle Zeitverschwendung

Was stehst'n da rum?
Ich kuck.
Was siehst'n da?
Nischt.
Deswegen kuckste?
Ich kuck, weil ich was sehen will.
Was willst'n sehn?
Ich kuck gerade.
Wolfdietrich Schnurre

„Die Zeit rast dahin", „Alles wird immer schneller" und ähnliche Aussagen hört man immer wieder. Vieles wurde und wird erfunden, um die Zeit in den Griff zu bekommen, seien es Zeitplaninstrumente, um den Tag effektiver zu nutzen und damit Zeit zu gewinnen, seien es Kommunikationsmittel, die die ständige Erreichbarkeit ermöglichen. Das und vieles mehr soll helfen, Zeit einzusparen. Nur nutzt es nichts, denn es bleibt nicht nur keine Zeit übrig, sie wird sogar noch weniger.

Ein wirkungsvolles Mittel, Zeit zu gewinnen, ist das „Erst lassen – dann tun – Spiel", aber es ändert nichts an dem Phänomen Zeit, mit dem wir alle konfrontiert sind. Schauen wir einmal zurück. Es gab einmal eine Zeit ohne Uhr. Versuchen Sie sich das einmal wirklich vorzustellen, keine Uhren, keine Stunden und Minuten, keine Zeiteinteilung. Allein die Natur mit ihren Zyklen, Sonnenauf- und Sonnenuntergang im Wechsel der Jahreszeiten bestimmten über den Ablauf der Tage. Und heute? Mir sagte einmal ein Kollege, der Seminare in der Natur durchführt, um Managern neue Einsichten zu vermitteln: „Die größte Herausforderung für meine Teilnehmer ist nicht das Draußensein, das Übernachten im Freien, das Suchen von Nahrung und so weiter. Die größte Herausforderung ist das Ablegen der Uhr, gefolgt vom Ablegen des Handys. Sie fühlen sich regelrecht nackt ohne diese Requisiten."

Betrachten wir, wie die Geschichte weiterging. Für wen war die Zeit interessant? Nicht für die Bauern, die konnten sich ausschließlich an der Natur orientieren. Sie war interessant für Mönche, die regelmäßig irgendwelchen Tätigkeiten, Gebeten etc. nachgehen wollten. So begannen sie den Tag einzuteilen, indem sie die Zeit von Sonnenaufgang bis Sonnenuntergang in zwölf Teile, zwölf Stunden zerlegten. Diese Anzahl blieb immer gleich, und wenn sich die Tage verlängerten, war eine Stunde eben länger als in der Jahreszeit mit den kurzen Tagen. Es war trotz Zeiteinteilung immer noch eine Orientierung an der Natur.

Die Zeiteinteilung, wie wir sie heute kennen, gibt es erst seit Mitte des 18. Jahrhunderts. Besonders wichtig wurde sie durch die Industrialisierung, da es dann wichtig wurde, dass man zu einer bestimmten Zeit an einem bestimmten Ort war.

Als eine ihrer Folgen zwingt sie bis heute kleine Kinder mitten in der Nacht aus dem Bett, weil irgend jemand einmal festgelegt hat, dass dann und dann die Schule beginnt. Nebenbei bemerkt: Wenn Sie Kinder haben, lassen Sie sie so lange wie sie möchten zeitlos, sprich ohne Uhr durchs Leben gehen. Wenn Sie sie dabei beobachten, können Sie auch für sich so manche Erkenntnis daraus ziehen. Vor allem auch die, dass wir Erwachsenen uns ständig etwas vormachen, indem wir glauben, Zeit wäre etwas Objektives, etwas Greifbares, etwas Einteilbares.

Einsteins Relativitätstheorie beschreibt die Relativität der Zeit. Zeit ist also nicht absolut, das heißt immer gleich, sondern kann sich verändern. Eindrücklich wird das daran, dass unsere Uhren in unterschiedlicher Umgebung anders gehen. Je schneller wir uns fortbewegen, z.B. im Flugzeug, desto langsamer vergeht die Zeit. In der Tat zeigen zwei identische, genau gleich eingestellte Uhren unterschiedliche Zeiten an, nachdem die eine im Flugzeug einmal um die Erde geflogen ist. Etwas Ähnliches kann man bei zwei Uhren beobachten, die sich im Erdgeschoss und in der obersten Etage eines Hochhauses befinden. Die obere Uhr geht um den winzigen Bruchteil einer Sekunde langsamer als die untere. Der in Unternehmen gebräuchliche

Ausdruck, dass in den oberen Etagen die Uhren anders gehen, ist allerdings nicht direkt auf die Einsteinsche Relativitätstheorie zurückzuführen.

Ein weiteres Beispiel, das die angebliche Objektivität dieser schwer fassbaren Größe Zeit verdeutlicht, ist unser Alltagsleben und unser so genanntes Zeitgefühl. Es gibt Zeiten, die langsam vergehen, ein anderes Mal vergehen sie wie im Flug. Manche empfinden bestimmte Stunden des Tages länger als andere, manche haben unterschiedlichste Zeitgefühle bezüglich der Jahreszeiten. Dann gibt es geschenkte und verschenkte Zeit, ein und denselben Zeitraum betreffend, z.B. kann man Wartezeiten in einem Stau als geschenkte oder als verschenkte Zeit betrachten. So existieren die unterschiedlichsten Zeitgefühle und von Objektivität kann auch hier nicht die Rede sein.

Seneca sagte: „Unsere Zeit wird uns teils geraubt, teils abgeluchst, und was übrig bleibt, verliert sich unbemerkt." Weiter sagt er: „Es ist nicht wenig Zeit, was wir haben, sondern es ist viel, was wir nicht nützen."

Offenbar war dieses Problem schon vor langer Zeit vorhanden. Einfachen oder auch komplizierten Lösungen oder Methoden, dieses Problem in den Griff zu bekommen, hat sich die Zeit aber offensichtlich entzogen.

Selbst Goethe sagte: „Gegenüber der Fähigkeit, die Arbeit eines einzigen Tages sinnvoll zu ordnen, ist alles andere im Leben ein Kinderspiel."

Aber die Zeit gar nicht mehr zu beachten, geht ebenso wenig wie der Versuch, die Zeit einzuholen, indem man noch schneller wird. Langsamer werden, entschleunigen ist dagegen ein Weg, um Zeit so wahrzunehmen, dass man selbst Mittelpunkt der eigenen Zeit bleibt und nicht Jäger oder Gejagter der Zeit ist.

Betrachten Sie im Kontext Zeit einmal Ihr Leben bis heute. Haben Sie Ihr Leben gelebt oder ist es eher vergangen? Für nichts gilt gnadenloser „Vorbei ist vorbei" als für die Zeit. Sie lässt sich nicht einholen und nachholen lässt sich auch nichts.

Nietzsche sagt: „Wenn man nicht zur rechten Zeit lebt, kann man auch nicht zur rechten Zeit sterben. Der Tod verliert seinen Schrecken, sofern man stirbt, wenn man sein Leben gelebt, wenn man vollbringend gelebt hat."

„Carpe Diem – Nutze den Tag" – ist eine weitere berühmte Aufforderung, sich der unwiderbringlichen Vergänglichkeit der Zeit zumindest ein wenig zu entziehen.

Wenn man sein Leben lebt, vollbringend lebt, würde das nach unseren gängigen Normen und Regeln so aussehen, als würde man viel Zeit verschwenden. Aber ist die Frage nicht letztlich, ob man es wagt, aus der sinnlosen Zeitverschwendung eine sinnvolle Zeitverschwendung zu machen? Was ist sinnvoll, was sinnlos?

Wenn Sie dieses Thema interessiert, lassen Sie es reifen, geben Sie sich die Zeit, die Sie brauchen, um sich nach und nach an dieses Phänomen heranzutasten, damit zu spielen, zu experimentieren. Denn nichts entzieht sich mehr unserer gewohnten Herangehensweise als die Zeit.

Ich komm raus!

*"Gebt mir einen Hebel, der lang genug ist,
und einhändig bewege ich die Welt."*
Archimedes

Den richtigen Hebel zu finden heißt, an der richtigen Stelle anzusetzen, denn dort kann ich mit minimalem Kraftaufwand sehr viel erreichen. Also nicht „Was muss ich alles tun", sondern „Welche von den vielen Möglichkeiten kann ich nutzen, um dem Ziel näher zu kommen?"

Ist dieser Punkt gefunden, bedarf es nur noch eines geringen Kraftaufwandes, um sein Ziel zu erreichen. Oft ist es sogar nur die Entscheidung, es zu tun. Dann stehe ich wie im Spiel auch im Leben auf einer Art Startfeld und habe verschiedene Möglichkeiten:

- Entweder warte ich, bis ich dran komme

- oder bis mich jemand aufs Spielfeld schubst oder schickt.

- Ich würfle und würfle und warte auf die Sechs, ohne zu merken, dass der Würfel gar keine Sechs hat.

- Ich würfle die Sechs und verschenke sie lieber an andere, weil ich mich nicht so recht aufs Spielfeld traue.

- Oder ich sage unabhängig von all dem, weil ich es weiß und die Zeit reif ist, „Ich komm raus" und betrete beherzt mein Spielfeld und werde aktiver Mitspieler!

*„Behaupte Dich als Spieler,
um nicht zum Spielball zu werden!"*
Inner Game Weisheit

Der dritte Ball

Wer jonglieren muss, sollte jonglieren können!

Von vielen Menschen hört man häufig, dass sie mit vielen Dingen gleichzeitig umgehen müssen, im Alltag, im Beruf, abwägen müssen, was wichtig ist, Informationen aufnehmen, telefonieren, Entscheidungen treffen und vieles mehr. Sie sagen, dass sie mit den Dingen jonglieren müssen. Fragt man nach, ob sie denn überhaupt jonglieren können, kommt meist ein ungläubiges Kopfschütteln. In der Tat, die meisten können gar nicht jonglieren, obwohl sie es täglich müssen. Und das sieht dann so aus:

In diesem, jedem von uns bekannten Zustand stürzt alles gleichzeitig auf uns ein. Vor lauter Bäumen sieht man den Wald nicht mehr und kann nicht mehr entscheiden, was wichtig ist und was nicht. Erledigt wird, was am meisten drückt, ob es wichtig ist oder nicht, ob es etwas ändert oder nicht. Da es nur noch ein Reagieren auf äußere Umstände gibt, fühlt man sich gehetzt und überfordert. Vieles fällt dabei unter den Tisch und vor lauter Erschöpfung irgendwann auch wir selbst.

Das hat durchaus mit Jonglieren etwas zu tun, nur ist der Mensch in diesem Fall nicht Jongleur, sondern mit ihm wird jongliert. Er ist Spielball der Kräfte und nicht umgekehrt. Jonglieren heißt aber, die Dinge selbst in der Hand haben und entscheiden, wann man loslässt und wann man festhält. Das gilt für jede Form des Jonglierens, nicht nur für das Jonglieren mit Bällen. Jonglieren können heißt, flexibel auf Veränderungen reagieren und gleichzeitig ein permanent in Bewegung befindliches System stabil halten können. Jonglieren, ob mit Bällen, Informationen, Herausforderungen, Mitarbeitern, alles verlangt ein hohes Maß an Konzentration, Ruhe und Überblick.

Erfahren und ausprobieren lässt sich das gut beim tatsächlichen Jonglieren. Denn bei kaum einer anderen körperlichen Betätigung tritt so deutlich wie beim Jonglieren zu Tage, auf welche Weise gelernt, wie wahrgenommen und reagiert, wie kontrolliert, gesteuert und koordiniert wird.

Könnte es also sein, dass die Fähigkeit, mit Bällen zu jonglieren, sich positiv auf die Fähigkeit des alltäglichen Jonglierens auswirkt? Die Erfahrungen aus einer Vielzahl von Seminaren in der Wirtschaft bestätigen diese Annahme! Daher behaupte ich:
Wer jonglieren muss, sollte jonglieren können!

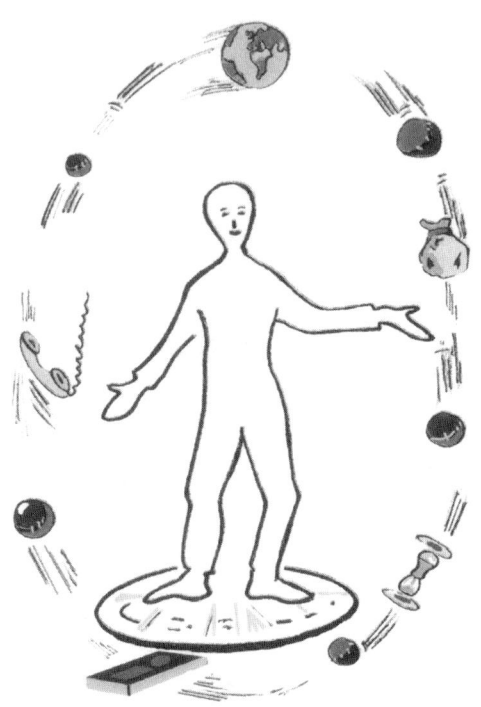

Der Unterschied ist offensichtlich: Nicht nur, dass dieser Mensch in seiner Mitte ruht, Platz um sich herum hat und einen gelassenen Eindruck macht. Mit sichtlich geringerem Kraftaufwand hält er die Dinge in Bewegung, hat alles im Blick und kann entscheiden, was gerade wichtig ist und was nicht. Ein fester Standpunkt und ein klares Ziel vermitteln den Eindruck von Sicherheit.

Was meinen Sie? Merkt man Menschen an, ob sie sich im einen oder im anderen Zustand befinden, auch wenn sie es nicht deutlich äußern? Und wie wirkt sich das auf Sie aus, wenn Sie Menschen begegnen, die jonglieren, oder Menschen, mit denen jongliert wird? Sie kennen die Antwort: Nur ein sehr guter Pokerspieler kann verbergen, was in ihm vorgeht, dem „normalen" Menschen sieht man es an oder man spürt es.

Beschäftigt man sich mit dem Jonglieren, kann man folgende Phänomene beobachten:

- Das System lebt von der ständigen Bewegung, dem abwechselnden Loslassen und Zupacken.

- Beim Versuch, alles gleichzeitig zu tun (alle Bälle festzuhalten), erstarrt das System in Bewegungslosigkeit.

- Nur die Akzeptanz der ständigen Veränderung und die Bereitschaft, sich ihr immer wieder von neuem anzupassen, führt zu erfolgreichem Jonglieren.

Daher gilt für alle Bereiche: Jonglieren erfordert mutiges Loslassen, vertrauensvolles Zupacken, Gelassenheit und Überblick. All das sind wichtige Voraussetzungen für langfristigen Erfolg.

„Wo haben Sie gelernt, dass Sie das nicht lernen können?"
Inner Game Weisheit

Die Kunst des Loslassens

Was soll leichter werden? Was bewegt mich? Was möchte ich loslassen? Das sind Fragen, die sich auf ideale Weise mit der Metapher des Jonglierens verbinden lassen. Bei vielen Veranstaltungen mit bis zu 400 Teilnehmern war eine häufige Reaktion die Überraschung, dass es Vertrauen, Mut und Flexibilität braucht, um loszulassen. Spannend und aussagekräftig ist dabei die Grenze, wo wir vertrautes Terrain verlassen, z.B. wenn wir den dritten Ball dazunehmen. Denn spätestens beim dritten Ball werden Sie bemerken, dass Kontrolle nicht mehr möglich ist und gleichzeitig der Fluss und die Harmonie beginnen. Loslassen ist der Schlüssel, Vertrauen die Voraussetzung.

Was für den Beginner der dritte Ball ist, ist für den Könner der fünfte oder sechste – oder der 13. Ball. Denn genau da, wo wir uns nicht mehr sicher fühlen, keine Kontrolle mehr haben, geht es ums Loslassen. Genau da, wo es unsicher wird, beginnt das Lernen. Und dazu gehört auch, zu erleben, wie man selbst in solchen Grenzsituationen reagiert, welche Strategien man nutzt, wie man mit Erfolg und Misserfolg umgeht. Dass man für solche Grenzerfahrungen nicht an den Nordpol oder über glühende Kohlen laufen oder steile Felswände rauf oder runter klettern muss, zeigt das Beispiel eines Managers, der sichtlich berührt seine Hand mit dem Ball darin anschaute und immer wieder vor sich hin murmelte: „Er fliegt nicht, warum fliegt er denn nicht?" Auch die mehrfache Aufforderung seiner Kollegen, ihn doch einfach loszulassen, schien ihn nicht zu beeindrucken. Versunken und konzentriert betrachtete er seine Hand, bis er plötzlich aufstand und zu jonglieren begann. Anschließend erzählte er, dass er durch diesen Ball, der nicht fliegen wollte, an etwas erinnert wurde, was ihm in seinem Job immer wieder passiert war, und er brauchte daher erst noch Zeit, das wirken zu lassen, um dann im wahrsten Sinne des Wortes loszulassen. Zu einem späteren Zeitpunkt erzählte er mir, dass er sich in der betreffenden Situation jetzt immer an das Jonglieren erinnere und sie somit wesentlich einfacher meistere.

Um das Loslassen geht es auch, wenn man eine neue Wohnung bezieht, einen neuen Arbeitsplatz antritt oder einfach einmal gründlich ausmistet. Es wird Platz geschaffen für Neues, und erleichtert können neue Dinge angegangen werden. Dabei macht es einen Unterschied, ob man gedankenlos Unbrauchbares wegwirft oder ganz bewusst die Entscheidung trifft, sich von bestimmten Dingen zu trennen. Nur im letzteren Fall sprechen wir von „Loslassen", in beiden Fällen aber handelt es sich um Ballast, dessen Abwerfen, ähnlich wie beim Ballonfahren, dazu führt, dass es wieder aufwärts geht.

An diesen Punkt kommt man auch beim Erlernen des Jonglierens, und genau das ist der Moment, der besonders fasziniert. Denn Jonglieren ist nichts anderes als ein ständiger Wechsel von Loslassen, um Platz für Neues zu schaffen, und Zupacken, um alles in Bewegung zu halten.

Bis zu zwei Bällen kann man den Flug noch kontrollieren und spricht eher von hin- und herwerfen als von jonglieren. Vom dritten Ball an dagegen wird es spannend. Hier hilft nur noch loslassen und sich dem entstehenden Fluss hingeben. Versuchen Sie auch hier noch zu kontrollieren, zu denken, zu überlegen, wie es gehen könnte, werden die Bälle runterfallen.

Es ist in diesem Zusammenhang immer wieder auffallend, dass es Erwachsenen viel schwerer fällt als Kindern, mit Lust, Offenheit und Neugierde an Neues heranzugehen und sich von den Ereignissen überraschen zu lassen. Als ginge es ums Leben, wird oft gefragt, gedacht, gearbeitet und gerade dort festgehalten, wo nur noch Loslassen weiterhilft! Dabei ist das Schlimmste, was passieren kann, dass ein Ball runterfällt!

Jonglieren lernen wird Ihnen leichter fallen, wenn Sie Folgendes loslassen:

1. Die Vorstellung, Sie könnten das Jonglieren nicht leicht und mit Spaß lernen.

2. Die Meinung, Sie müssten von jemandem gesagt bekommen, wie es geht! (technische Anleitung)

3. Die Überzeugung, Ihr Kopf müsste etwas kapieren, damit Ihr Körper es ausführen kann!

Von einem, der auszog, das Loslassen zu lernen

Zum letzten Mal, wie er glaubte, schaltete er seinen Computer ab, schaute sich noch einmal in seiner Wohnung um, nahm sein Gepäck mit dem Notwendigsten und zog die Tür hinter sich zu. Ein kurzer Blick auf den Schlüsselbund mit Auto-, Fahrrad- und Wohnungsschlüssel und dem Sparschweinschlüssel, den er immer aufgehoben hatte, obwohl er schon längst kein Sparschwein mehr hatte. Ein Moment des Zögerns, und dann legte er die Schlüssel entschieden unter die Fußmatte. Irgendjemand würde sie finden, er hatte nichts mehr damit zu tun, den er hatte alles losgelassen und war im Begriff, sich auf die Wanderschaft zu machen, um sein Glück jenseits von Besitz zu finden, nur mit sich und mit wenigen Dingen versorgt.

Obwohl er es lange geplant hatte, fiel es ihm doch schwerer als erwartet, all seine Besitztümer zurückzulassen und sich für immer von ihnen zu verabschieden. Aber das war, nach seiner Überzeugung, eine der Voraussetzungen, wenn man sich auf den Weg des Loslassens machen wollte, um das wahre Glück zu finden. Er hatte viel über das Loslassen gelesen und wollte es von Anfang an richtig machen. Stolz auf sich und frei von Ballast machte er sich beschwingt auf den Weg zum Flughafen, um in ein fernes Land zu fliegen, das, wie man erzählte, das Loslassen besonders erleichtert.

Dort angekommen hörte er von einem weisen Mann, der von allen als der Meister in der Kunst des Loslassens bezeichnet wurde. Sie nannten ihn Dreiball und lächelten alle auf eine besondere Weise, wenn man nach ihm fragte. Aber als er fragte, wo er ihn finden könne, zeigten sie bereitwillig auf ein Gebir-

ge, dessen Gipfel in der Ferne schimmerten. Ja, so hatte er es sich vorgestellt, den Meister am Ufer eines Flusses oder eben auf dem Gipfel eines Berges, alleine in einer einfachen Hütte. Und er machte sich auf den langen und beschwerlichen Weg, auf dem er noch so manches loslassen konnte, z.B. die immer wiederkehrenden Zweifel am Sinn seiner Reise, oder die sehnsüchtigen Gedanken an seine gemütliche Wohnung mit einer funktionierenden Dusche, dem weichen Bett und dem vollen Kühlschrank. Hätte er nicht doch noch etwas mehr mitnehmen sollen als einen Schlafsack? Warum hatte er nichts zum Lesen oder Schreiben dabei? In Gedanken versunken wanderte er vor sich hin und bemerkte immer mal wieder, dass Loslassen nicht nur mit Gegenständen zu tun hat, sondern dass sich das meiste im Kopf abspielt. Jedenfalls schien ihm im Vergleich zum Loslassen von ein paar Habseligkeiten, das Loslassen von Gedanken weitaus schwieriger. Aber um das zu lernen war er ja schließlich auf dem Weg zu Dreiball. Als er am Fuße des Gebirges angekommen war, wusste er, dass dieser nur auf dem höchsten Berg wohnen konnte. Und obwohl er mittlerweile aus eigener Erfahrung wusste, wie schwer Loslassen ist, freute er sich schon darauf, diese neue Herausforderung zu meistern, und stellte sich vor, wie er glücklich und frei von allem Ballast dem Meister auf dem Gipfel des Berges begegnen würde.

Auf dem Weg erlebte er so viel, dass dies ein ganzes Buch füllen würde. Lesen Sie dazu einfach ein anderes Buch, wo ein Schüler seinen Meister sucht. Die Erlebnisse sind meist ähnlich.

Was ihm unterwegs besonders auffiel, waren die Menschen, die ihm gelegentlich entgegenkamen. Ihrem gelösten Strahlen zu entnehmen, kamen sie offenbar vom Meister des Loslassens. Um ganz sicher zu sein, dass er auf dem richtigen Weg war, fragte er sie alle nach Dreiball. Und alle freuten sich und lächelten über seine ernsthafte Frage und immer wieder ertappte er sich dabei, dass er an sich herunterschaute, was denn so lustig an ihm wäre. Schließlich, nach vielen Wochen und Monaten, vielleicht waren es sogar Jahre der Wanderschaft – er wusste es nicht mehr, hatte er doch auch die Zeit losgelassen – kam er früh morgens auf dem Gipfel des Berges an. Und es war, wie er es sich immer vorgestellt hatte. Eine zauberhafte Kulisse breitete sich vor seinen Augen aus. Die Dämmerung bahnte sich langsam ihren Weg durch Wolken, die wie ein Federbett den Gipfel umhüllten. Da – ein erstes Blitzen, ein Sonnenstrahl leuchtete auf und lenkte seinen Blick auf einen mächtigen Stein, der mitten auf dem Gipfel emporragte. Wäre der Augenblick nicht so besonders, nahezu heilig gewesen, hätte er sich gefragt, ob das womöglich einer der Hinkelsteine von Obelix ist. Aber mittlerweile gut geschult, ließ er solche Gedanken gleich wieder los. Langsam, aber unaufhörlich dehnte sich das Leuchten aus und mit erhabenen Schritten ging er auf den Stein zu, den Tempel seines zukünftigen Meisters dahinter vermutend.

Können Sie sich vorstellen, wie spannend dieser Moment für ihn war?

Und da stand er nun auf der anderen Seite, aber da war nichts, kein Tempel, kein Haus, nicht einmal eine Hütte und auch kein Meister des Loslassens. Nur dieser verfluchte Hinkels... wollte er schon sagen, als er sah, dass auf dem Stein etwas geschrieben stand. Es erinnerte ihn spontan an Gebrauchsanweisungen, war es doch in allen gängigen Sprachen eingraviert und auf den ersten Blick unverständlich. Er las, während sich Frustration, Wut und Glücksgefühle abwechselten:

*„Willkommen, Suchender,
du hast gefunden, wonach du trachtetest!
Auf dem Dreiball stehst du,
der Dreiball bist du,
Meister Dreiball wird man dich nennen.
Schnee formt sich auf zauberhafte Weise
in deinen Händen zu Dreibällen.
Ewig fliegen sie in die Unendlichkeit.
Freue dich,
dein Weg geht weiter."*

Da stand er nun, und wenn er nicht gefroren hätte ...

Jeder jongliert, wie er lebt

Wenn Sie schon einmal verschiedene Dinge miteinander in Einklang bringen mussten, z.B. Arbeit, Freizeit, Geld etc., dann sind Sie ein Jongleur. Wenn Sie sich jetzt fragen, was das mit dem Jonglieren mit Bällen zu tun hat, dann stelle ich die These auf, dass die Art und Weise, wie Sie an das Jonglieren mit Bällen herangehen, wie Sie es lernen und nachher tun, ein Spiegel Ihres Lebens ist, ein Spiegel dessen, wie Sie sind. Sie können dabei viel über sich erfahren und Neues ausprobieren. Sie müssen dabei keinerlei Befürchtungen haben, dass irgendetwas zu Tage kommt, was Sie nicht sind. Alles, was ist, kommt aus Ihnen und ist ohnehin vorhanden, gleich, ob Sie jonglieren oder nicht.

Was geht Ihnen durch den Kopf, wenn Sie den Satz „Jeder jongliert, wie er lebt" lesen? Sagen Sie „Oh je!" oder „Das ist aber spannend!" oder „Das ist doch Unsinn, ich kann ja gar nicht jonglieren und lebe trotzdem gut." Das Schöne ist, dieser Satz trifft tatsächlich zu! Sie jonglieren so, wie Sie leben, aber Sie fahren auch so Auto, wie Sie leben, Sie essen so, wie Sie leben. Kurz, Ihre Lebensweise drückt sich in all Ihren Handlungen aus und wird durch diese sichtbar. Haben Sie beispielsweise noch nie Rückschlüsse gezogen, wenn Sie sich als Beifahrer in einem Auto sicher oder unsicher fühlten? Auch hier gilt: Das Leben beeinflusst den Fahrstil und nicht umgekehrt.

So auch beim Jonglieren. Ihr Leben spiegelt sich in der Art, wie Sie es angehen, wie Sie lernen, wie Sie mit Erfolg und Misserfolg umgehen, was Sie dabei denken. Und Ihr Körper, Ihre Hände usw. machen die entsprechenden Bewegungen, lassen los oder auch nicht.

Aber es geht dabei nicht darum, Orakel zu spielen oder irgendetwas in das Leben hinein zu interpretieren. Keiner lebt falsch, wenn der Jonglierball runterfällt! Es geht einfach darum, dass wir unseren Körper als Spiegel nutzen können, um etwas über uns zu erfahren, was ohnehin vorhanden ist.

Beim Jonglieren gibt es diesbezüglich einige Schlüsselstellen. Es beginnt bereits mit Ihrer Reaktion auf den Satz „Jeder jongliert, wie er lebt!". Macht Sie dieser Satz eher neugierig oder ist er eher bedrohlich? Wenn Sie z.B. daran denken, dass Sie in nur 20 Minuten jonglieren lernen, was geht Ihnen dabei durch den Kopf? „Andere vielleicht schon, aber ich doch nicht!" vielleicht. Wenn Sie sich selbst jonglierend vorstellen, empfinden Sie das eher als rund und harmonisch oder als hektisch und überfordert?

Noch eine Frage: Können Sie sich vorstellen, anhand des Jonglierens Ihre gesamte Grundeinstellung in Bezug auf Ihr Lernen zu ändern und danach mit Freude und Leichtigkeit an neue Herausforderungen heranzugehen?

Wenn man etwas Neues, wie hier das Jonglieren, beginnt, sich nicht sicher ist, wie es sein wird, und die Spannung steigt, dann ist das unmittelbar mit der Person und deren Leben verbunden. Nur bei Routinetätigkeiten ist von dieser Verbundenheit, dieser Identifizierung mit dem eigenen Tun nichts mehr spürbar, worüber sich bekanntlich viele beklagen. Etwas neues anzugehen ist dagegen aufregend, weil man noch nicht weiß, wie es geht, weil es Überraschungen gibt, weil man an Grenzen stößt, die Herausforderungen sind, und die zu überwinden Erfolgserlebnisse beschert. Und das ist es, was belebt, was Bewegung bringt, was Spaß macht.

Jonglieren ist deshalb so geeignet, weil die Grenzen einerseits so harmlos sind – es fällt lediglich ein Ball runter – und zum anderen sehr leicht neue Grenzen zu finden sind: Man nimmt einfach einen weiteren Ball dazu. Und somit hat man grenzenlos Grenzen zur Verfügung und kann ein Leben lang nach dem Motto „Ich jongliere so, wie ich lebe" forschen und experimentieren. Auch wir brauchen dazu nicht unbedingt auf Berge zu klettern. Nehmen Sie sich drei Bälle und Sie finden reichlich „Forschungsmaterial" in sich selbst, um ein langes, abenteuerliches Leben zu führen.

Und ob Sie nun zweifeln oder zögern, ob Sie hinterfragen oder einfach anfangen, ob Ihnen die Bälle nach vorne oder hinten fallen, ob Sie sie fangen oder daneben greifen, ob Sie aufhören oder weitermachen, ob Sie aufgeregt oder ruhig herangehen, ob Sie schnell oder langsam sind, ob Ihre Hände das machen, was Sie wollen, oder nicht, ob die rechte Hand etwas anderes tut als die linke, ob Ihr Gesicht dabei angespannt oder entspannt ist, ob Sie lächeln oder ernst sind oder oder oder. All das hat mit Ihnen und Ihrem Leben zu tun.

Jonglieren verändert Ihr Leben um keinen Millimeter, wenn Sie es nicht wollen. Jonglieren kann Ihr Leben allerdings wesentlich verändern und Ihnen die Dinge leichter machen, wenn Sie es wollen!

Die Geheimnisse des dritten Balls

*Solang du Selbstgeworfnes fängst, ist alles
Geschicklichkeit und läßlicher Gewinn –;
erst wenn du plötzlich Fänger wirst des Balles,
den eine ewige Mit-Spielerin
dir zuwarf, deiner Mitte, in genau
gekonntem Schwung, in einem jener Bögen
aus Gottes großem Brücken-Bau:
erst dann ist Fangen-Können ein Vermögen, –
nicht deines, einer Welt. Und wenn du gar
zurückzuwerfen Kraft und Mut besäßest,
nein, wunderbarer: Mut und Kraft vergäßest
und schon geworfen hättest ... (wie das Jahr
die Vögel wirft, die Wandervogelschwärme,
die eine ältre einer jungen Wärme
hinüberschleudert über Meere –) erst
in diesem Wagnis spielst du gültig mit.
Erleichterst dir den Wurf nicht mehr; erschwerst
dir ihn nicht mehr. Aus deinen Händen tritt
das Meteor und rast in seine Räume ...*
Rainer Maria Rilke

Wie Sie aus dem vorherigen Kapitel schon wissen, hat der dritte Ball so seine Besonderheiten. Man könnte sie auch Geheimnisse nennen, denn letztlich kann sie nur jeder für sich herausfinden.

Ich möchte Ihnen im Folgenden drei der Geheimnisse beschreiben, die mir in der Beschäftigung mit dem dritten Ball begegnet sind. Vielleicht bekommen Sie dabei Lust, selbst noch mehr davon herauszufinden. Man sagt, der dritte Ball berge drei Geheimnisse. Das stimmt, und wenn Sie die drei gelüftet haben, birgt er wieder drei und so geht das immer weiter. Das erste Geheimnis, das ich herausfand, war:

Der dritte Ball ist leicht

Dieses Geheimnis hat zwei Aspekte: Zum einen steckt darin, dass der Ball, wenn man ihn losgelassen hat, kein Gewicht mehr hat. Nur in der Hand wiegt er etwas. Verbinde ich den Ball mit dem, was mich gerade beschäftigt oder bedrückt, so hat auch das nur Gewicht, solange ich es bei mir behalte. Dieses Gewicht kann regelrecht zur Last werden. Wie beim Ball gilt auch hier: Wenn es gelingt loszulassen, ist das Gewicht schlagartig weg.

Der zweite Aspekt dieses Geheimnisses ist Folgender: Wenn Sie sich einen Menschen anschauen, der gut jonglieren kann, z.B. im Zirkus, dann wirkt alles ganz leicht. Auch bei den schwierigsten Kunststücken kann man beobachten, wie alles im Fluss ist, wie scheinbar schwerelos ein wunderbares Bild entsteht. Das wirkt nicht nur leicht, es ist für den Artisten tatsächlich leicht. Denn wäre es schwer, wäre er verkrampft und seine Kunststücke würden nicht funktionieren. Das heißt nicht, dass der Weg dahin leicht war. Es heißt aber, dass in dem Augenblick, in dem es geklappt hat und der Artist das Kunststück wiederholen kann, er quasi die Meisterschaft erreicht hat, es auch tatsächlich leicht ist und nicht nur leicht aussieht.

Eine der zentralen Fragen lautet daher: „Wie erlange ich diese Leichtigkeit?" Was ist es, was es mir leicht machen könnte? Was ist leicht am Jonglieren? Mit diesen Fragestellungen und damit der Ausrichtung am Leichten erreicht man sein Ziel viel schneller, als wenn man dem Schweren folgt und sich über mühsame Umwege Schritt für Schritt den „Berg" hinaufquält. Außerdem macht es mehr Spaß und ist getragen von der Gewissheit, es zu schaffen.

Wenn Sie von Anfang an – unbeeindruckt von scheinbaren Misserfolgen – nach dieser Leichtigkeit suchen, werden Sie sie schließlich finden und zwar früher, als Sie denken. Denn allein die Suche danach nimmt schon mancher Hürde ihren hemmenden Einfluss. Misserfolge und Scheitern gibt es genauso wenig wie Fehler. All diese Negativaspekte werden zu Lern- und

Erkenntnischancen, die Sie ermutigen, weitere Versuche zu machen. Lernen wird zum Abenteuer und zu einer spannenden Forschungsreise, die, wenn alles sofort klappen würde, weitaus weniger Reize hätte.

Der Weg zum Ziel folgt den eigenen individuellen Bedürfnissen. Das gilt nicht nur für das Jonglieren, wo Sie auf der Suche nach der Leichtigkeit vielleicht plötzlich feststellen, dass Ihre Schultern sich verkrampfen oder Ihre Hand nicht loslässt. In dem Augenblick aber, in dem Ihnen dies bewusst wird, können Sie es verändern. Das gilt für alles, was wir lernen wollen.

Der Unterschied zum gewohnten, beschwerlichen Lernen liegt darin, dass Sie davon ausgehen, dass es Ihnen irgendwann leicht fallen wird und Sie sich mit dieser Gewissheit im Hinterkopf auf den „Forschungsweg" begeben. Sie werden sich zwar überraschen, aber niemals beirren lassen. Beim herkömmlichen Lernen müssen Sie viele Schritte gehen und Dinge lernen, die Sie, wenn Sie sie können, gar nicht mehr brauchen. Der Blick ist nicht auf das Gelingen gerichtet, sondern auf den nächsten Schritt. Möglicherweise aufkommende Freude wird vertagt, Glücksgefühle werden erst bei Erreichung des Zieles erlaubt.

Wenn Sie an das Jonglieren oder an etwas anderes auf diese Weise herangehen und so tun, als ob es ganz leicht ist, werden Ihnen die Bälle zwar zunächst trotzdem herunterfallen, aber zum einen fühlen Sie sich wohler dabei, zum anderen werden Sie fasziniert feststellen, wie schnell sich dann doch Erfolgserlebnisse einstellen.

„Wenn das Leichte nicht so leicht wäre,
wäre es nicht so schwer zu erreichen!"
Inner Game Weisheit

Der dritte Ball ist rund

Ein Ball dreht sich um seinen Mittelpunkt und bewegt sich gleichzeitig harmonisch in dem von Ihnen gelenkten System. Ähnlich ist es auch mit der Erde. Auch diese dreht sich um ihren Mittelpunkt und ist gleichzeitig Teil eines größeren Systems, das sich wiederum um eine Mitte bewegt. So auch Ihr Kopf bzw. Sie! Manche sagen auch, der Kopf sei deshalb rund, damit das Denken seine Richtung ändern kann. Sie sind Teil eines größeren Systems, in dem Sie sich bewegen. Wenn Sie sich dabei nicht um Ihre eigene Mitte drehen, eiern Sie von einer Stelle zur anderen, gelenkt von irgendwelchen äußeren Kräften, die Sie manipulieren. Mit Ihnen wird jongliert, Sie jonglieren nicht selbst.

Das zweite Geheimnis liegt demnach darin, herauszufinden, worum Sie sich drehen, was Ihre Mitte ist, woher Sie ausgleichende Kraft schöpfen können. Dann genügt bereits eine kleine Neigung und Sie kommen in eine wunderbare und gleichmäßige Bewegung. „Die Dinge kommen ins Rollen" oder „Alles fließt" sind Ausdrücke, die diesen Zustand jenseits von Anstrengung, Kontrolle und Wille bezeichnen.

Diese Form der Bewegung wird als lebendige oder natürliche Bewegung bezeichnet. Sie entsteht aus sich heraus, macht Spaß und gibt Kraft. Sie ist nicht zu vergleichen mit dem morgendlichen Aufstehen, wenn man noch müde ist, dem Fitnessprogramm, um einige Kilo abzunehmen, oder dem Lernen von Dingen, die Sie gar nicht interessieren. Das ist allenfalls Einhalten von Disziplin, sei es, dass sie von außen gefordert wird oder Sie sie sich selbst auferlegen. Die Bewegung, die ich meine, entsteht zunächst in Ihnen, sie wächst aus Ihrer Mitte. Und erst, wenn sie stark genug ist, folgt die äußerlich sichtbare Bewegung.

Wenn Sie jemanden betrachten, der jongliert, sieht das aus, als ob alles fließend ineinander übergeht. Es gibt kein Ende und keinen Anfang, keine Ecken und keine Kanten, kein Innehalten und kein Stocken. Das Ganze fließt, die Bälle sind im Fluss und der Jongleur mit ihnen. Was hat es damit auf sich? Was macht dieses „Im-Fluss-sein" eigentlich aus? Betrachten wir dazu einfach einmal einen Fluss.

Ein Fluss besteht aus einer Vielzahl von Wassertropfen, die sich verbinden und gemeinsam in eine Richtung fließen. Es gibt einen Ursprung, eine Quelle, von der aus alles in eine Richtung fließt, geleitet von der Schwerkraft. Auftretende Widerstände werden weder bekämpft noch besonders wichtig genommen. Sie werden umflossen und mit der Zeit durch diese konstante Kraft aufgelöst. Der Fluss passt sich dabei zwar den Gegebenheiten an, behält jedoch immer seine Grundrichtung bei.

Der lebendige Fluss zeichnet sich durch Vielfalt, starke Selbstreinigungskräfte und die Fähigkeit, effektiv mit äußeren Einflüssen umgehen zu können, aus. So kann sich der Fluss immer wieder auf neue Bedingungen und Anforderungen einstellen und trotzdem seinen individuellen Charakter und seine eigene Fließrichtung beibehalten. Der Lauf eines Flusses kann sich durchaus ändern, doch seine ihm eigene Identität gibt er nicht auf. Er fließt unbeirrbar in die gleiche Richtung. Jeder Fluss wächst auf dem Weg zum Ziel. Kleine Flüsse fließen schneller, mit mehr Beweglichkeit. Große Flüsse fließen langsamer, dafür mit mehr Kraft. Aber von der Quelle bis zum Meer bleibt das gesamte System im Fluss.

Diese kraftvolle Selbstverständlichkeit und Unbeirrbarkeit zeichnet auch das Jonglieren aus und ist das, wonach wir Menschen uns immer wieder sehnen, was wir erreichen und wieder verlieren. In diesem ewigen Auf und Ab sind wir jetzt schon im Fluss.

Den dritten Ball gibt es nicht!

Sie beginnen mit einem Ball, nehmen dann einen zweiten hinzu und dann schließlich den dritten, mit dem das eigentliche Jonglieren beginnt. Dieser dritte Ball erst eröffnet die gesamte Dimension des Jonglierens, des Loslassens, des Vertrauens, des Blickes für das Ganze, des Im-Fluss-Seins und vieles mehr. Er ist also wirklich etwas ganz besonderes, der dritte Ball. Sie bringen ihn ins Spiel und es geht los.

Kaum aber ist er im Spiel, verliert er seine Einzigartigkeit und jeder der drei Bälle ist gleich wichtig. Es gibt keinen dritten Ball mehr, denn jeder der drei Bälle ist der dritte Ball und damit auch wieder nicht!

Wenn er aber für Sie weiterhin seine besondere Bedeutung als dritter Ball behält und Sie ihn deshalb mehr beachten als die anderen, werden Ihnen **alle** runterfallen.

Daran wird deutlich, dass der dritte Ball nur durch die Existenz des ersten und des zweiten überhaupt zum dritten wird. Gibt es den ersten und den zweiten nicht, gibt es auch den dritten Ball nicht. Ableiten lässt sich daraus, dass der dritte Ball nur durch den ersten und zweiten überhaupt zum dritten wird und darüber hinaus den Platz ständig mit den anderen tauscht! Es gibt ihn andauernd und es gibt ihn nicht! Das ist das dritte Geheimnis.

Warum dieser etwas paradoxe Ausflug? Fazit ist: Der dritte Ball ist nichts wert ohne den ersten und den zweiten, bzw. alle drei sind gleich viel wert und brauchen die gleiche Beachtung, damit das System in Bewegung und stabil bleibt! Eine zu starke Fixierung auf einen Ball bewirkt, dass irgendwann das ganze System in sich zusammenfällt.

Betrachten Sie einmal die folgenden Beispiele, in denen es auch darum geht, Einklang zwischen drei Aspekten herzustellen. Auch hier gilt es Ausgewogenheit herzustellen, und nicht einem

Aspekt zu viel Gewicht zu geben, indem man ihn zum ständigen dritten Ball macht:

- Ich – andere Menschen – die Welt

- Beruf – Familie – Gesundheit

- Produkt – Kunde – Mitarbeiter

- Ruhe – Aktivität – Neuausrichtung

- Ernährung – Bewegung – Ausruhen

Sie sehen, es gibt eine Vielzahl von Geheimnissen des dritten Balls. Dabei bleibt er trotz allem einfach ein Ball, gefüllt mit Sand, Weizen oder anderem Material. Er wird nur durch Sie zu diesem besonderen dritten Ball, indem Sie mit ihm spielen, ihn ausprobieren, erforschen und dabei sich selbst besser kennen lernen.

Um seine Geheimnisse zu offenbaren, braucht der dritte Ball Ihre Aufmerksamkeit, Ihre Bewegung, Ihre Abenteuerlust, Ihre Liebe zu sich selbst, Ihre Kraft, Ihre Geschicklichkeit, Ihre Begeisterung. Er braucht Ihre Lust an der Herausforderung genauso wie Ihren Mut zum Scheitern und neu anfangen. Er braucht Ihre Ehrlichkeit sich selbst gegenüber, denn auf jeden Versuch, mit Tricks zum Ziel zu kommen, wird er sofort und unmittelbar reagieren. Das Angenehme dabei ist, dass der Ball völlig unbestechlich ist, er reagiert auch nicht emotional, indem er beispielsweise schmollt. Gleich, wie sehr Sie sich etwas wünschen oder wie gut Sie ihm auch zureden, er wird wie ein Spiegel genau das tun, was Sie tun.

Dadurch fordert er natürlich auch Ihren Mut, genau hinzuschauen, den Mut, ihn loszulassen und darauf zu vertrauen, dass er wiederkommt. Er fordert Sie schließlich heraus, Ihre und seine Bewegung in Einklang zu bringen. Kurz, er verlangt Ihren vollen Einsatz!

Wenn Sie sich mit ihm beschäftigen, werden Sie feststellen, dass es nicht nur Spaß macht, Antworten zu finden. Es werden sich sogar neue Geheimnisse auftun, so dass es Ihnen garantiert nie langweilig wird.

Das Wesen des dritten Balls

Ich hatte mich lange auf ihn gefreut und noch länger schwer dafür gearbeitet, gehofft, gebangt, gezweifelt und doch war da immer die Zuversicht, dass er eines Tages da sein würde. Und heute nun, am 26. Januar 2000, meinem 43. Geburtstag, sollte es so weit sein? Und es war so, wie es kommen musste und wie es, wie ich heute weiß, für jeden kommt, der es sich genauso wünscht wie ich. Der dritte Ball, ja der richtige dritte Ball, nicht irgendeiner, sondern der wahrhaftige dritte Ball in einem herrlichen Rot lag vor mir, direkt neben einer Kerze, leicht erhöht auf einer weißgetünchten Mauer, hinter der sich ein malerischer Garten mit allerlei tropischen Früchten, Mangos, Papayas, Orangen, Zitronen und Bananen erstreckte. Neben ihm lagen noch ein grüner, ein blauer, ein gelber, ja sogar ein mehrfarbiger Ball. Sie können sich vorstellen, dass ich mich reich beschenkt fühlte, nach so langer Wartezeit gleich fünf dritte Bälle zu bekommen, und während ich mich gedanklich in diese farbenfrohen Bälle versenkte, ahnte ich mehr und mehr, dass das mehr war als einfach nur irgendein Ball.

*Das war zunächst gar nicht so einfach. Einerseits dachte ich „dritter Ball, was soll der Quatsch, das sind doch fünf Bälle, also gibt es einen ersten, einen zweiten, usw.!" Nur welcher ist dann der erste, der links, der rechts oder der in der Mitte? Warum heißen die denn dritte Bälle und nicht vierte oder zweite? Solche Gedanken machen sich breit und mit ihnen ein gewisser Unmut. Da entscheide ich mich, diese hinderlichen Gedanken einfach einmal **loszulassen** und einfach die Bälle so zu nehmen, wie sie sind oder wie sie sein wollen, als etwas, auf das ich mich so lange gefreut hatte. Und so entsteht etwas Neues in mir, nichts Eindeutiges, eher etwas Fließendes, das sich immer wieder entzieht, kaum glaube ich es lokalisiert zu haben. Es ist wie ein **Bild** oder ein Dialog zwischen Betrachter und Ball.*

*Ich folge einem **Impuls** und nehme zwei Bälle weg. Da entsteht plötzlich Klarheit und Einfachheit. Wie selbstverständ-*

lich harmonisieren diese drei dritten Bälle miteinander. Das ist das Besondere, denke ich: die Zahl drei. Fünf sind zu viel, zu unübersichtlich, sie lenken voneinander ab, verwirren sich gegenseitig. Ich nehme noch einen weg. Und sofort entsteht ein Gefühl der Leere, der Banalität, der Zweidimensionalität. Die zwei Bälle wirken so lenkbar und kontrollierbar, ja geradezu langweilig.

Ich lege den dritten wieder dazu und da sind sie wieder, die drei dritten Bälle. So eine harmonische Bewegung, obwohl sich gar nichts bewegt. Ein Pulsieren geht von ihnen aus, sie gehören zusammen, als wären sie eine Einheit. Gleichzeitig steht jeder in seiner Einzigartigkeit für sich. Jeder ist Teil eines größeren Ganzen.

Sie fordern mich heraus *und ich nehme einen der Bälle in die Hand, spüre sein Gewicht und lasse ihn fliegen. Während er leicht, nahezu schwerelos von einer Hand in die andere fliegt, spüre ich wie eine* **Balance** *entsteht, mein Atem wird ruhiger, aber da ist auch eine gewisse innere Aufregung: Was kommt als Nächstes?*

Ich nehme als zweiten den nächsten dritten Ball dazu und sofort fangen sie wie zwei schwatzhafte Wesen an, miteinander zu plappern. Sie erhitzen sich gegenseitig, reden immer schneller, lauter, jetzt versuchen sie gar, sich gegenseitig zu überbieten. Wer ist der bessere, wer der schönere, wer der leichtere, wer fliegt höher? Ein richtiger Wettstreit entsteht, was mich bewegt, den dritten dritten Ball dazuzunehmen. Und da geschieht etwas Besonderes. Ohne weiteres Zutun beginnen die drei dritten Bälle miteinander zu harmonieren und **ins Spiel zu kommen,** *das landläufig als* **Jonglieren** *bezeichnet wird. Ausgewogen teilen sie sich die Flugbahn. Wenn der eine am höchsten Punkt für einen Moment innehält, ruht sich der nächste kurz in der Hand aus, während der dritte sich gerade in Bewegung befindet. Und schon nehmen sie wieder im harmonischen Wechsel andere Plätze ein. Alles fließt und so, wie ich die Bälle loslasse, fließen die Gedanken dahin. Die*

Bälle werden Teil von mir, ich von ihnen. Und, was war das? Leuchtete der rote Ball nicht eben auf, als würde er mir meine Vision, meine Ziele vor Augen führen wollen? Prompt übernimmt der grüne Ball stellvertretend den Platz meiner momentanen Situation, während der gelbe wie eine Sonne das Ganze beleuchtet, Energie gibt. Jeder Ball wird zu einem Aspekt meines Lebens. Und schon ist es wieder vorbei.

*Nichts bleibt als ein Gefühl der Ewigkeit, der **Unendlichkeit**, deren Spur die Bälle folgen und ein Gefühl der Ausgeglichenheit und Harmonie hinterlassen. **Inneres Spiel verbindet sich mit äußerem, wird zum Flow,** zum Fließen ohne Denken, zum Einlassen, zum Vertrauen, zum Geschehenlassen. Die Bewegung geschieht und ich bin Teil von ihr. Wie von alleine lassen meine Hände los und halten wieder fest. Im Wechsel zwischen Tun und Lassen, zwischen Kommen und Gehen verbindet sich dieses Gefühl mit den Wellen, deren Rauschen ich deutlich höre. Happy Birthday!*

Die im Text fett gedruckten Begriffe möchte ich im Folgenden nochmals etwas näher beleuchten. Sie zeigen nämlich deutlich, was Sie – wenn Sie möchten – vom dritten Ball lernen können:

- **Loslassen.** Nicht nur das Loslassen der Bälle, sondern auch das Loslassen von hinderlichen Gedanken, von Dingen, die heute keine Rolle mehr spielen, von Begrenzungen ist die einzige Chance, Ballast loszuwerden, um Platz für Neues zu schaffen. Natürlich geht es auch ums Loslassen von rationalem Denken, das sich der Erfassung eines Bildes wie dem des dritten Balls in den Weg stellen kann.

- Der dritte Ball ist eine Metapher, ein **Bild** für verschiedene Dinge. Er kann uns darin unterstützen, wieder mehr in Bildern zu denken und auf unsere inneren Bilder zu achten. Gleichzeitig ist er auch ganz real und entfaltet seine Wirkung in einem körperlichen Bewegungsmuster, wenn Sie mit ihm bzw. mit den drei dritten Bällen jonglieren.

- **Impulsen** nachzugeben ist entscheidend, um das auszudrücken, was aus uns heraus möchte. Impulse kommen unvermittelt und können nur sofort umgesetzt werden, weil sie sich sonst im Denken verlieren. Zu lernen, der Bedeutung eigener Impulse zu vertrauen und ihnen nachzugeben, ist eine ...

- **Herausforderung.** Der dritte Ball kann uns die Freude an der Herausforderung lehren. Er ist selbst Herausforderung und entzieht sich ständig der Sicherheit, dem Festhalten. Er lebt nur in der Bewegung, die wiederum ständig zu neuen unerwarteten Variationen führt.

- Der dritte Ball lehrt uns, ohne Sicherheitsnetz oder Sicherheitsleine in **Balance** zu kommen. Sicherheit aus dem Spiel mit der Unsicherheit zu gewinnen, ist einer der Aspekte. Sich mit der Unsicherheit anfreunden heißt, sich mit seinem Leben anfreunden und die Fähigkeit erlangen, immer wieder auszugleichen, in Balance zu bleiben.

- **Ins Spiel kommen,** nicht nur passiver Beobachter sein. Zu einem Teil des Ganzen werden, in Aktion und Interaktion treten, flexibel reagieren, aber auch selbst schöpferisch tätig sein. Spielleiter und Spielfigur in einem verkörpern.

- **Jonglieren** ermöglicht die Beleuchtung von Aspekten des eigenen Lebens.

- **Unendlichkeit** steht für das immer Wiederkehrende. Gleichzeitig bewirkt es, dass die beiden Hirnhälften miteinander in Harmonie kommen.

- Inneres und äußeres Spiel verbinden sich – es kommt zum **Flow.**

Die Entdeckung der Leichtigkeit

*„Das Schwere am Leichten ist,
dass wir oft wissen, wie es leichter geht
und es trotzdem nicht tun."*
Inner Game Weisheit

Ich möchte Ihnen im Folgenden beschreiben, wie es mir selbst mit dem Jonglieren erging und was ich dabei insbesondere beim Schreiben dieses Buches erlebte: Mein Ausgangspunkt zu Beginn des Buches war, dass ich gut mit drei Bällen jonglieren konnte. Mehr hatte mich bis dahin nicht interessiert, da ich mich einzig auf die Wirkungsweise und das Inner Game mit dem Jonglieren konzentriert hatte und darauf, möglichst vielen Menschen dieses überraschende Lernerlebnis zu vermitteln.

Als Ziel setzte ich mir, am Ende des Buches mit fünf Bällen jonglieren zu können. Anders als in dem Buch „Der Medicus", wo der Meister mit Druck, Schlägen und Drohungen seinem Schüler zum Erfolg verhalf, suchte ich von Anfang an den leichten Weg. Dieser leichte Weg war ganz schön lang. Immer aber war er so faszinierend, dass ich Lust hatte, dran zu bleiben und weiter zu forschen. Mein selbst gestellter Forschungsauftrag lautete: Wie kann ich mit fünf Bällen leicht jonglieren?

Natürlich waren meine jonglierenden Freunde, als sie von meinem Ziel hörten, schnell dabei, mir Tipps zu geben oder mich auf dieses oder jenes Buch hinzuweisen, das längst bei mir im Schrank stand. Ich bremste sie sofort in ihrem Eifer, denn ich wollte selbst herausfinden, was es leicht macht. Und das Fazit meiner Freunde war eh nur, dass es schwer sei mit fünf Bällen.

Meiner Aufforderung, es mir vorzumachen, kamen sie sofort und gerne nach. Und was meinen Sie, wie es aussah: leicht oder schwer? Ganz leicht sah es aus, und mir sagten sie, es sei schwer. Sie meinten natürlich den Weg dahin. Aber für mich war klar: Ich möchte etwas, das so leicht aussieht, auch auf eine leichte Weise lernen. Wie lange es dauern würde, war mir egal, denn

Zeit hatte ich genug, zumal ich mit meinem Buch auch gerade erst begonnen hatte.

Also stellte ich mein Büro um, um mehr Platz zu haben, legte mir Jonglierbälle bereit und vergaß am Anfang vor lauter Schreiben zu jonglieren. Als ich mich erinnerte, stand ich auf und machte mich mit drei Bällen warm. Dabei kamen mir oder meinen Händen alle möglichen Ideen, was man mit drei Bällen noch machen kann und fasziniert beobachtete ich mich, wie Würfe dazukamen, die ich noch nie vorher gemacht hatte. Das führte zu kleinen Glücksgefühlen ähnlich dem, als es zum ersten Mal mit drei Bällen geklappt hatte. Dann experimentierte ich ein bisschen mit vier Bällen. Schließlich wandte ich mich fünf Bällen zu und begann höchst motiviert und voller Selbstvertrauen. Und siehe da, im Nu lagen sie auf dem Boden. Ich hatte nicht einen einzigen gefangen und nicht die leiseste Ahnung, wie ich zum Ziel kommen könnte. Ich probierte es noch einige Male mit gleichem Ergebnis und schielte schon zu einem Jonglierbuch, ob ich mir nicht doch ein paar Tipps abholen sollte. Aber das Buch blieb nicht nur in diesem Fall geschlossen. Ich machte einfach weiter und stellte mir dabei die Frage „Was macht es leicht?".

Als ich mich gegen das Jonglierbuch entschied und weiterhin recht einfallslos die Bälle vom Boden aufhob, war ich plötzlich ganz glücklich darüber, nochmal erleben zu können, wie es meinen vielen Schülern in vergleichbaren Situationen geht, wenn etwas stockt, scheinbar nicht weitergeht, wenn langsam die Ungeduld in einem aufsteigt und sich erste Zweifel melden. Das war plötzlich so angenehm, dass ich dieses „Keine-Ahnung-haben-wie-es-geht" richtig auskostete. Viel Zeit hatte ich dazu allerdings nicht, denn plötzlich merkte ich, dass ich die Bälle nicht richtig losließ und dass ich die Luft anhielt. In dem Augenblick, in dem mir das bewusst wurde, konnte ich es ändern. Ich lenkte meine Wahrnehmung also nur noch aufs Loslassen. Da war es wieder, dieses herrliche Gefühl, wie die Bälle leicht aus meiner Hand flogen. Sie landeten zwar nach wie vor alle auf dem Boden, aber mir ging es zunächst nur ums leichte Loslassen.

Und da ich in der glücklichen Lage bin, viele Bälle zu besitzen, legte ich mir eine größere Zahl auf einen Stuhl und musste mich daher erst bücken, als alle auf dem Boden lagen. Sie sehen, wie leicht man es sich leicht machen kann!

Weitere Erkenntnisse beim leichten Lernen des Jonglierens mit fünf Bällen waren:

- Mit „schweren" Bällen ist es leichter als mit leichten Tüchern.
- Eine Erkenntnis führt zwangsläufig zur nächsten.
- Die Suche nach dem Leichten führt oft zum Lächeln, obwohl oder gerade dann, wenn es nicht klappt.
- Wenn es ganz schnell ginge, wäre es langweilig und ich würde sieben Bälle nehmen.
- Es entstehen regelrechte Glücksgefühle. Was fünf Bälle in mir und mit mir doch alles bewirken.
- Der Blick hebt sich.
- Der Raum wird größer.
- Jonglieren erhöht Kraft, Ausdauer und Beweglichkeit.
- Man kann Jonglierbälle an die Wand schmeißen.
- Ich brauche nur mich und fünf Bälle, und das Abenteuer beginnt.
- Ich kann auch das Jonglieren und mein Ziel loslassen und einfach aufhören.
- Das Jonglieren mit fünf Bällen ist tatsächlich leicht! Es geht überhaupt nur dann, wenn es leicht ist, also warum es sich auf dem Weg dahin unnötig schwer machen? Erstens nutzt

es gar nichts und zweitens muss man es sich später ohnehin wieder abgewöhnen.

- Es macht viel Spaß, immer wieder zu drei Bällen zurückzukehren, diese Ruhe zu genießen und dabei festzustellen, dass man auch mit drei Bällen viele verschiedene Sachen machen kann.

Jonglieren ist ein spannender Weg, um etwas über den eigenen Umgang mit der Leichtigkeit zu lernen. Der Schlüssel ist das Loslassen, um Platz für Neues zu schaffen. Das gilt für Bälle genauso wie für Gedanken und Einstellungen. Solange wir festhalten, ist kein Platz für Neues.

Bei allen Inner Game Medien spielt daher das Loslassen eine tragende Rolle. Denn die meisten Hinderungsgründe, die uns auf der Suche nach der Leichtigkeit begegnen, sind nur in unserem Kopf, in unseren Gedanken, nicht aber tatsächlich vorhanden. Und viel leichter, als sie zu verdrängen, zu bearbeiten oder zu bekämpfen ist – sie loszulassen.

„Für viele ist Schweres leichter als Leichtes."
Inner Game Weisheit

Jonglieren als Übungsweg

Es ist eine Sache der Einstellung, ob man das Leben als Kampf oder als Spiel betrachtet. Im Leben wie im Spiel stellt sich die Frage: Bin ich Spielball – oder Spieler? Spielt man mit mir oder spiele ich selbst? Mitspielen bedeutet mit im Spiel zu sein, Teil eines größeren Ganzen zu sein und aktiv am Geschehen beteiligt zu sein. In jedem Fall hat Spiel eine besondere Bedeutung im Zusammenhang mit Lernen, mit Entfalten und Entwickeln, mit dem Abenteuer des Lebens.

Jonglieren bietet eine außergewöhnlich gute Möglichkeit, sich mit seinem Leben und dem Spiel und schließlich der Kombination, dem „Spiel des Lebens" zu befassen. Flexibilität, Unendlichkeit in der Form, ständige Bewegung und abwechselndes Festhalten und Loslassen sind typische Merkmale. Das haben die Menschen schon früh erkannt.

Auf den Wandgemälden der Beni Hassan Gräber am Ostufer des Nils, die aus dem Jahr 4600 v. Chr. stammen, sind wohl die frühesten zeichnerischen Abbildungen von Jongleuren zu entdecken. Seitdem wird mit nahezu allem jongliert, was sich in die Luft werfen und wieder auffangen lässt.

Als ich ein paar tausend Jahre später im Internet forschte, ob es mehr über das Jonglieren gäbe als nur Tricks, Orte wo Jonglierfestivals stattfinden oder die verschiedensten Angebote an Bällen und Sonstigem, fand ich den nachfolgenden Text, dessen Inhalt sich direkt an Jongleure wendet, genauso gut aber auch Lebensweisheiten darstellt. Lösen Sie sich beim Lesen vom eigentlichen Jonglieren und forschen Sie einmal nach Parallelen zu Ihrem Leben und Arbeiten.

1) Betrachte die Gesamtheit

Zu große Aufmerksamkeit für einzelne Details eines Vorgangs führt zum Misserfolg.

2) Bleib locker und entspannt

Verkrampftes Werfen und Halten endet in unkontrollierten Aktionen. Sich mit den Ellenbogen durchboxen zu wollen führt nicht zum gewünschten Ergebnis.

3) Lass die Dinge auf dich zukommen

Warte den richtigen Zeitpunkt ab, um selbst mit einer Aktion in den Prozess einzugreifen. Zu frühe und hektische Aktionen sind falsch.

4) Dosiere deine Aktionen korrekt

Zu viel Einsatz ist für einen Prozess genauso schädlich wie zu wenig. Mit dem Kopf gewaltsam durch die Wand gehen zu wollen führt unmittelbar zum Misserfolg.

5) Beobachte Situationen, die auf dich zukommen, bevor du eingreifst

Nur so können auch schlecht geworfene Gegenstände aufgefangen und vom Standardschema abweichende Probleme bearbeitet werden.

6) Reagiere blitzschnell und flexibel

Es gibt nur einen einzigen Augenblick (von wenigen Millisekunden), in welchem blitzschnell entschieden wird, welches die passende Vorgehensweise zum Retten der Situation oder zum Auffangen des Gegenstands ist. Zu späte Aktionen sind immer falsch, während schnell entschiedene, dafür aber nicht optimal ausgewählte Aktionen trotzdem erfolgreich sein können.

7) Auch stabile Prozesse erfordern ständiges Tun

Wende dich auch von scheinbar stabil laufenden Prozessen nicht völlig ab. Sie könnten sonst überraschend schnell zum Stillstand kommen.

8) Lerne partnerschaftlichen Umgang

Partner können deine Fehler korrigieren. Mache das Gleiche, ohne Zeit und Kraft mit der Suche nach Schuldigen zu verschwenden.

9) Über das Selbstbewusstsein (... never say sorry!)

Fehler sind normal und werden von allen gemacht. Sofern es sich nicht gerade um unfaires Vorgehen handelt, werden sie für außen stehende Dritte sogar erst dadurch besonders auffällig, dass du sie bedauerst.

10) Lass dich nicht ablenken (... never look away!)

Sondern konzentriere dich voll und ganz auf das Hier und Jetzt. Nur so ist eine effiziente Arbeit möglich.

11) Misserfolge dürfen nicht irritieren

Mach weiter, wenn eine Situation aus der Kontrolle gerät, solange es noch Sinn macht. Fällt ein einzelner Gegenstand, so wird mit einem weniger weiterjongliert und dafür werden andere Tricks eingebaut. Weniger kompetenten, zuschauenden Dritten fällt dies oftmals gar nicht groß auf.

12) Außer Kontrolle geratene Prozesse können möglicherweise wieder gerettet werden

Gefallene Gegenstände können möglicherweise bei künftigen Durchgängen oder Wechseln wieder aufgehoben oder mit dem Fuß in die laufende Jonglage eingeworfen werden (Kick up).

Für solche Schwierigkeiten ist eine sorgfältige Abschätzung der Risiken und des Vorgehens von besonderer Wichtigkeit. Derartige Entscheidungen können auch nochmals um eine oder zwei Runden verschoben werden, bis die laufenden Prozesse etwas sicherer sind.

13) Auch die andere Seite ist wichtig

Normalerweise tun wir das meiste mit der rechten Hand. Viele Prozesse sind überhaupt erst dann in den Griff zu bekommen, wenn sie auch bei der anderen Hälfte genügend Aufmerksamkeit erfahren.

14) Schaue nicht zu viel in die Vergangenheit

Weggeworfene Gegenstände entsprechen deinen Aktionen in der Vergangenheit. Sie können normalerweise nicht mehr korrigiert werden und ein Nachschauen lohnt sich allerhöchstens, um es das nächste Mal besser zu machen.

15) Schaue in die Zukunft

Auf dich zufliegende Gegenstände sind von dir künftig zu lösende Aufgaben. Wende deine Aufmerksamkeit deshalb der Zukunft anstelle der Vergangenheit zu.

16) Erforsche deine Möglichkeiten

Bei jeder sicher bewältigten Technik kann ein neuer Trick oder eine Detailvariante ausprobiert werden.

17) Arbeite nicht über deinen Möglichkeiten

Unrealistische Steigerungen in den Schwierigkeitsgraden der Aufgaben führen unmittelbar zum Versagen.

18) Auch ungleiche Partner sind gleichwertig

Arbeite sowohl mit Anfängern wie auch mit Profis zusammen. Bessere Partner zeigen dir neue Tricks, während du bei Anfängern das Fangen lernen kannst. Stufe den Wert eines Partners deshalb nicht nach dem Können ein und schaue auf Anfänger nicht überheblich herab.

19) Lerne rechtzeitig loszulassen

Halte nicht zu lange an Altem fest, denn es versperrt dir den Platz für Neues.

Quelle: *http://home.t-online.de/home/janvi/jongl1.htm*

Macht Sie das nicht neugierig, es selbst auszuprobieren und zu erleben, welche Entdeckungen über sich, das Leben, das Spiel beim Jonglieren möglich sind? Aber auch die körperlichen Auswirkungen sind sehr positiv. Wenn Sie nur ein paar Minuten jonglieren, werden Sie merken, dass Ihre Atmung gleichmäßiger wird, störende Gedanken mehr und mehr in den Hintergrund treten und sich langsam Energie in Ihnen ausbreitet. Regelmäßig durchgeführt sind schon allein das Faktoren, die Ihrer Gesundheit förderlich sind.

Jonglieren weist darüber hinaus noch einige Besonderheiten auf. Auffällig ist, wie schnell sich ein aktiv entspannter Zustand einstellt. Schon nach wenigen Minuten ist man konzentriert und wach. Außerdem tritt bei kaum einer anderen körperlichen Betätigung so deutlich zu Tage, auf welche Weise gelernt, wie wahrgenommen und reagiert, wie kontrolliert, gesteuert und koordiniert wird. Für viele Menschen, besonders für solche, die mit der Vorstellung, sie hätten zwei linke Hände, belastet sind, ist das Jonglieren ein Schlüsselerlebnis. Für jeden Anfänger ist es eine erstaunliche Erfahrung, die ständig weiter wirkt, denn Jonglieren verlernt man genauso wenig wie Fahrrad fahren.

Je mehr wir über das Zusammenwirken zwischen Körper und Geist lernen, desto mehr verstehen wir, warum Jonglieren solch eine positive Wirkung entfaltet. Aus dem Verständnis, dass Körper und Geist eine Einheit sind, lässt sich ableiten, dass der Körper durch den Geist und der Geist durch den Körper beeinflussbar ist. Durch das Erlernen des Jonglierens wird die Hand-Augen-Koordination trainiert. Auf geistiger Ebene verbessert sich das Verständnis komplexer Muster und Systeme. Man geht davon aus, dass Menschen mit gut entwickelter ganzheitlicher Mustererkennung weniger Informationen benötigen, um Gesamtzusammenhänge zu erfassen.

Viele praktische Erfahrungen bestätigen das. So verschwand bei einem zehnjährigen Mädchen dessen Rechenschwäche völlig, nachdem sie, statt Rechnen zu üben, sechs Monate lang täglich ca. 15 Minuten jongliert hatte. Zu dieser für manche vielleicht ungewöhnlichen Disziplin führten ein einwöchiger Zirkusworkshop mit den Eltern und die Faszination, die danach vom Jonglieren ausging.

Neulich erhielt ich einen Brief mit folgendem Inhalt: „Ich bin Thomas (Name geändert) und kann dir einiges erzählen über Jonglieren mit einer Rechts-Links-Wahrnehmungsstörung. Ich bin leicht lernbehindert und habe mit viel Übung mit Messern jonglieren gelernt, trete allein und mit meiner Gruppe auf und übe zur Zeit begeistert mit vier Bällen."

In einer Abschlussarbeit mit dem Thema „Jonglage und Improvisationstheater als spiel- und theaterpädagogische Möglichkeiten zur Erweiterung der Kommunikationskompetenz" wird beschrieben, wie Jonglieren hilft, Blockaden zu lösen und Assoziation und Kreativität zu fördern. „Aufgrund der schnellen Lernerfolge kann Jonglage das Selbstwertgefühl fördern und damit zur Entwicklung eines positiven Selbstbildes beitragen."

Auch wenn vergleichbare Erfahrungen noch selten sind und die Forschung noch gar nicht richtig begonnen hat, lässt sich heute schon sagen:

- Jonglieren „öffnet" alle Gehirnbahnen, um die Gedanken fließen zu lassen, loszulassen und Neues zu lernen.

- Jonglieren ist eine einfache und sehr wirksame Form der Kurzzeitregeneration.

- Jonglieren harmonisiert die linke und rechte Gehirnhälfte.

- Jonglieren vertieft die Atmung.

- Jonglieren entspannt.

- Jonglieren erhöht die Konzentration.

- Jonglieren fördert die Fähigkeit loszulassen.

- Jonglieren steigert die Lebensqualität.

Inner Game und Lernen wird zum Erlebnis

„Inner Game: Interessant, Neu, Natürlich, Elegant, Ruhig, Gewinnend, Aufregend, Mutig, Energetisierend."
Ein Seminarteilnehmer

Inner Game ist eine Methode, die das Lernen im Einklang mit der Ihnen eigenen Natur auf ideale Weise fördert. Direkt am Menschen, seinen Potenzialen, Befindlichkeiten und Bedürfnissen ansetzend führt es zu einer erstaunlichen Beschleunigung beim Lernen. Aber nicht nur das, es macht darüber hinaus viel Spaß und Lernen wird zu dem, was es eigentlich ist: ein dem Menschen ureigenes, natürliches Bedürfnis, sich weiter zu entwickeln, sich neue Fähigkeiten anzueignen und Neues dazuzulernen.

Inner Game ist überraschend, klar und einfach. Es beruht auf der Verbindung von Körper und Geist. Einem Spiegel ähnlich, werden über die körperliche Bewegung viele Informationen gewonnen, die in direktem Bezug zu aktuellen Themen und Problemen stehen. Sie lernen besonders leicht und schnell. Sie entdecken Ihre Potenziale und erkennen Möglichkeiten, diese zu erschließen. Ohne Druck und Zwang – spielerisch beim Jonglieren, Bogenschießen, Bumerangwerfen oder Skifahren.

Inner Game steht für:

- *erfolgreichen Einsatz von Körper und Geist*
- *erweiterte Wahrnehmung*
- *Lernen ohne Druck und Zwang*
- *mehr Spielraum*

Dieser Auszug aus einer Informationsbroschüre sagt alles und nichts. Denn Inner Game lässt sich nicht so leicht mit Worten beschreiben, zumindest nicht, wenn Sie einmal näher betrachten, was alles in Ihnen abläuft, während Sie äußerlich etwas tun. Das ganze Buch möchte in diesem Zusammenhang Ihr „Inneres Spiel" anregen, mitzuspielen und zunächst gedanklich Neues auszuprobieren.

Am leichtesten zu beschreiben ist die Methode Inner Game jedoch am Beispiel des Erlernens von körperlichen Aktivitäten, wird dabei doch sofort deutlich, wie schnell unser Denken uns begrenzt.

Die Geschichte von Inner Game

Entwickelt und erstmals so genannt wurde es vor über 20 Jahren, als ein sehr guter Tennisspieler namens Timothy Gallwey auf dem Tennisplatz stand und wie häufiger in letzter Zeit am Grübeln war, was sich da eigentlich abspielt, wenn er oder auch andere Tennisspieler Selbstgespräche führen: „Hol doch früher aus!", „Du musst den Ball anschauen!", „Da hat er dich mal wieder erwischt, hättest mehr trainieren sollen!" Wer spricht da eigentlich mit wem? Der Mund mit dem Arm? Der Kopf mit dem Körper? Würde man nicht hinschauen, könnte man meinen, da seien zwei Personen, wovon eine offenbar nicht sehr zufrieden mit der anderen ist und das lauthals kundtut.

Aufgrund dieser Beobachtungen begann Timothy Gallwey in der Praxis eine sehr sinnvolle Unterscheidung in zwei verschiedene Aspekte unserer Ganzheit. Er unterscheidet zwischen dem inneren Spiel und dem äußeren Spiel, also dem, was innerlich abläuft, während äußerlich etwas getan wird. Er begann gezielt auf die Gedanken zu achten, die ihm beim Tennisspielen durch den Kopf gingen. Dabei stellte er fest, dass es sich meistens um Anweisungen handelte, die besagten, dass er dies tun und jenes lassen solle, oder um Selbstkritik, Sorgen, Ängste und Zweifel. Oft ging dieses „innere Geschwätz" ununterbrochen und nicht gerade freundlich vonstatten. Das hörte sich in etwa so an:

„Geh doch in die Knie!"

„Schau den Ball an!"

„Hole früher aus!"

„Das war ein miserabler Schwung!"

„Du lernst das nie!"

„Du bist für diese Sportart viel zu ungeschickt!"

„Dein Gegner ist sowieso besser als du!"

Im Laufe seiner Beobachtungen stellte er fest, dass er noch soviel „äußerlich" trainieren und an seiner Technik feilen konnte, wenn das innere Spiel gegen ihn gespielt wurde, kam er nicht weiter. Also fragte er sich, wie er es zu seinem Verbündeten machen könnte, statt es als Gegner zu haben. Der erste Schritt war, zu überlegen, wie man das innere Geplapper – das destruktive, versteht sich – abstellen könnte. Denn während eines wirklich gelungenen Schlages ist der Verstand im seltenen Zustand der Ruhe. Unser Bewusstsein wächst und wir entdecken den Teil von uns, der auf jede Situation sofort und instinktiv richtig reagiert.

Gallwey kam schließlich auf die Idee, das innere Geplapper abzustellen, indem er seine Wahrnehmung auf etwas anderes lenkt. Und das tat er auch. Er begann Gedichte aufzusagen, Lieder zu singen, seine Fußsohlen zu spüren, auf den eigenen Atem zu achten oder jedes Mal, wenn der Ball den Boden berührte, ein lautes Tic zu sagen. Er fand noch viele weitere Möglichkeiten, denen gemeinsam war, dass er, wenn er sich voll darauf konzentrierte, keinen Platz mehr für das innere Geplapper hatte, aber durchaus dabei Tennisspielen konnte. Ja, befreit von hinderlichen Gedanken konnte der Körper viel leichter das tun, was er wollte. Dass sich das innere Geplapper immer mal wieder durchsetzte, war ihm klar. Aber daraus entwickelte sich mit der Zeit eine eigene Kreativität dafür, welche Möglichkeiten es gibt, um es abzustellen.

Der nächste Schritt war schließlich, nicht nur zu schauen, wie man sich positiv stimmt, sondern das Lernen selbst zu erleichtern. All die gängigen Lehrbefehle waren besonders geeignet, schnell zur negativen inneren Stimme zu werden. „Ball anschauen, früher ausholen, richtig stehen, richtig treffen", beinhaltet von vornehrein ein großes FALSCH. Das machst du nicht richtig und das nicht und jenes erst recht nicht! Die Idee, die Wahrnehmung auf ganz neue Aspekte zu lenken, war vermutlich die Geburtsstunde der Methode Inner Game. Sich auf die Härchen des Tennisballs zu konzentrieren führte dazu, dass er den Ball anschaute, das Lauschen auf das Tic am Boden und das Tac am Schläger führte dazu, dass er früher ausholte, und die Verbindung mit der eigenen Mitte führte zum richtigen Stand. Das Spiel mit dem eigenen Körper und dessen Verlängerung in den Schläger hinein führte zur Entdeckung der eigenen Vielfalt, die sich wiederum im Tennisspiel spiegelte. Stures Wiederholen von vorgegebenen Bewegungsabläufen wird zu einem individuellen Forschungsweg. Eigenverantwortung für den Lernprozess führt ebenso zu mehr Freude beim Lernen wie die ständig neuen Erkenntnisse und Überraschungen, die sich ergeben, wenn man diese Ganzheit von außen und innen zulässt.

Meine Begegnung mit Inner Game

Begonnen hat das Ganze vor vielen Jahren in den Bergen, als ich bei Dr. Roberto Buner und Kurt Wiederkehr eine Inner Game Ski- und Tenniswoche belegte. Ich war begeistert von den Dimensionen, die mir Inner Game beim Ausüben dieser Sportarten eröffnet hatte. Obwohl ich zu diesem Zeitpunkt schon sehr lange Ski gelaufen war, früher Skirennen fuhr und auch selbst Skilehrer war, hatte ich das meiste von dem, was mir in dieser Woche widerfuhr, noch nie erlebt. Wie unterschiedlich Schnee sich anfühlt, welche Geräusche es gibt, wie laut oder leise man fahren kann, wie sich der Wind im Gesicht anfühlt, welche Vielfalt in den Bewegungen steckt, dass man wie Wasser und Feuer oder wie ein Panther oder ein Hase Skifahren kann oder wie Schokoladenguss über einen Kuchen. Nie zuvor hatte ich solche Glücksgefühle und so viel Spaß beim Skifahren, und den anderen Teilnehmern ging es genauso.

Jahre später, nachdem ich meinen Verlag verkauft hatte, befasste ich mich nicht nur mit einer vorgezogenen Midlifecrisis – stellen Sie sich vor, beruflich ständig gefragt und im Mittelpunkt zu sein, und plötzlich klingelt das Telefon nicht mehr –; ich beriet auch gelegentlich Unternehmen und bot selbst Skiwochen mit Inner Game an.

Das mit der Beratung war mir bald zu zahlenorientiert, wusste ich doch aus meiner Unternehmerzeit, dass es vor allem „weiche" Faktoren wie Motivation, Führungsstil, Einstellung sind, die für die „harten" Ergebnisse relevant sind. Aber die Skiwochen entwickelten sich sehr gut. Ging es anfangs noch in erster Linie um das Skifahrenlernen selbst, so trat das immer mehr in den Hintergrund. Schließlich wurden es Seminare zur Persönlichkeitsentwicklung und Selbstmanagement, und Skifahren wurde zum Medium. Dass die Teilnehmer quasi nebenbei noch besonders leicht Skifahren lernten, wurde zum angenehmen Nebeneffekt. „Jeder fährt Ski, wie er lebt, arbeitet, führt, verkauft usw." wurde zu einer gängigen Aussage.

In meiner Begeisterung über die Wirkungsweise und Vielfältigkeit von Inner Game lag der nächste Schritt nahe: Ich wollte, dass die Unternehmen ihre Mitarbeiter zu mir in die Berge schicken, um das Gewünschte zu lernen, statt die Seminare in engen Räumen abzuhalten.

Wie Sie vielleicht auch schon erlebt haben, reicht manchmal die eigene Begeisterung nicht, vielleicht waren die Berge auch zu hoch. Kurz: Es gelang mir (damals) nicht und so hatte ich die Wahl: Bleibe ich auf meinem Berggipfel oder gehe ich runter ins Tal zu den Unternehmen? Nur womit? Denn Skifahren geht dort nicht, und zu normalen bewegungslosen Seminaren war ich nicht mehr bereit.

Meine Frage war: Welche körperlichen Aktivitäten bieten ähnliche Erkenntnismöglichkeiten wie das Skifahren und sind im Seminarraum oder unmittelbaren Umfeld durchzuführen? In kürzester Zeit kristallisierten sich Jonglieren, Bogenschießen und Bumerangwerfen heraus. Jonglieren für das Loslassen, Bogenschießen für Standpunkt, Spannung und Ziel und Bumerangwerfen für Einsatz und Resultat. Ich ließ mir diese drei Dinge zeigen, trainierte eine Zeit lang und fand Wege, es wesentlich einfacher zu vermitteln. Im Verlauf vieler Seminare und Workshops entwickelte sich eine Vielzahl von Parallelen zwischen diesen Medien und den Themen, die wir bearbeiteten. Heute kann ich mir nicht mehr vorstellen, ein Seminar zu leiten, ohne körperliche oder spielerische Elemente einzusetzen. Nicht nur, weil es allen viel mehr Spaß macht und keine Müdigkeit aufkommt, sondern vor allem auch, weil es jegliche Form von Lernprozessen erheblich beschleunigt.

Mittlerweile haben wir – ein ständig wachsendes Team – schon viele Menschen dabei unterstützt, Begrenzungen loszulassen und Vertrauen in sich aufzubauen. Wir haben Tausenden von Seminar- und Tagungsteilnehmern in kürzester Zeit das Jonglieren beigebracht und damit die besondere Lernfähigkeit des Menschen gezeigt. Wir haben Bogenschießen genutzt, um Standpunkt, erforderliche Spannung und Ziele klarer zu machen oder Bumerang geworfen, um daran zu lernen, was es braucht, um mit einem gewissen Einsatz das gewünschte Ergebnis zu bekommen. Die Entdeckung der eigenen Führungs-Kraft auf dem Golfplatz, Sicherheit aus dem Spiel mit der Unsicherheit auf dem Drahtseil oder Mut und Klarheit mit Hilfe des Schwertes. Es ist nicht abzusehen, welche Sportarten das Inner Game im Laufe der Zeit noch erobern kann und sie so zu wertvollen Spiegeln für unsere Frage- und Problemstellungen macht.

„Das spannendste Abenteuer ist das Entdecken des Spektakulären im Unspektakulären."
Inner Game Weisheit

Was ist Inner Game?

Im Büro eines deutschen Managers las ich den Spruch „Der unbequemste Weg, sich fortzubewegen, ist das In-sich-gehen". Ich bin da ganz anderer Ansicht: „Der interessanteste Weg, sich fortzubewegen, ist das In-sich-gehen". Denn nirgends sind wir schneller und flexibler als in unseren Gedanken und nie treffsicherer, als wenn wir sie frei von äußeren Einflüssen fließen lassen und wieder mehr auf unsere innere Stimme hören.

Zusammenfassend können folgende Aspekte festgehalten werden, die die Arbeit mit Inner Game kennzeichnen:

1. Inner Game nutzt körperliche Aktivitäten, um sich mit bestimmten Themen, Fragestellungen oder auch Problemen des Lebens und Arbeitens zu beschäftigen und schnell zu den Kernpunkten vorzudringen.

2. Der Körper lügt nicht, vor allem dann nicht, wenn es um Bewegungen geht, die der Verstand überhaupt nicht mehr beeinflussen kann. Dadurch dient er beim Inner Game als Spiegel, in den wir hineinschauen können.

3. Der Weg wird zum Ziel. Nicht mehr allein das Ergebnis ist wichtig, sondern die Freude am Lernen beginnt im ersten Moment, unabhängig vom Können.

4. Inner Game ist eine spielerische Herausforderung, sich mit sich selbst, seinem Denken, seinem Handeln, seiner Verantwortung, seiner Berufung zu beschäftigen, mit dem Ziel, den eigenen Spielraum zu erweitern.

5. Inner Game ist ein Weg vor allem für jene,

- die im Einklang mit ihrem Körper und dessen Ausdrucksmöglichkeiten leben und arbeiten möchten,

- die negativen Stress durch kraftvolle und zielsichere Energie ersetzen möchten,

- die durch aktives und lebendiges Lernen neue Kräfte mobilisieren möchten,

- die eigene Grenzen erkennen, verschieben und überschreiten möchten,

- die eigene Potenziale entdecken und wirklich ausschöpfen möchten,

- die Abwechslung zwischen erfolgreicher Hochleistung und wirksamer Regeneration suchen.

Je nach Thema können dabei unterschiedliche Sportarten als Medien eingesetzt und auf eine neue, leichte Art ein- bzw. ausgeübt werden. Im Mittelpunkt steht jedoch weniger die sportliche Leistungssteigerung, sondern das Loslassen, die Selbstbeobachtung und entspannte Konzentration. Die Verbindung mit Themen, die für die Beteiligten gerade aktuell sind, führt dabei zu schnellen und treffsicheren Erkenntnissen.

Die größte Herausforderung, vor allem für die „Lehrer", aber auch für die „Schüler", besteht darin, dass beim Inner Game weitgehend auf technische Anweisungen verzichtet wird. Stattdessen wird auf die Erweiterung der eigenen Wahrnehmung hingewirkt. Es gibt mittlerweile eine Fülle von Übungen, von Ideen und Wahrnehmungsmöglichkeiten, die das Erlernen von verschiedenen Sportarten wesentlich erleichtern. Dazu gehören Skifahren, Golf, Jonglieren, Bogenschießen, Bumerangwerfen und Schwimmen, aber auch andere Fähigkeiten, wie das Beherrschen von Musikinstrumenten oder gar das Verfassen von Gedichten. Das Lernen macht nicht nur sehr viel Spaß, es geschieht auch erheblich schneller, als man es sonst kennt. Jonglieren lernen in 20 Minuten ist nur ein Beispiel, das die überraschende Wirkungsweise von Inner Game belegt.

Dieser kreative und intuitive Zugang zum eigenen Potenzial führt nicht nur zu mehr Lebensfreude, er wird vor allem auch begleitet von mehr persönlichem und beruflichem Erfolg. Mit Inner Game wird Lernen wieder faszinierend und ist mit Freude verbunden. Gefühle der Unlust und Frustration weichen einem natürlichen Leistungswillen, verbunden mit hoher Motivation.

Neben der allgemein gültigen Wirkungsweise das Lernen generell betreffend, wirkt Inner Game natürlich ganz besonders in allen Bereichen, wo es um das Lernen von körperlichen Fertigkeiten geht.

„Inner Game heißt, die Leichtigkeit eines Steines und die Schwere einer Feder zu spüren!"
Frei nach einem Seminarteilnehmer.

Wie funktioniert Inner Game?

„Innen ist wie außen und außen wie innen.
Die Frage ist, wie kriegen die beiden Kontakt?"
Ein Seminarteilnehmer

Am Anfang war die Bewegung

Vor vielen Jahren wurde ein begnadeter Skifahrer von einem Anfänger sehnsüchtig beobachtet, wie er mit Leichtigkeit und Eleganz den Hang hinunterfuhr. Als er unten angekommen war, fragte der Anfänger ihn, wie er das denn mache. Da es sich bei dem Könner nicht um einen Skilehrer handelte, schaute er etwas ratlos, weil er noch nie darüber nachgedacht hatte. Dann fiel ihm die Antwort ein: „Warten Sie hier auf mich, ich fahr noch mal schnell hoch und beobachte mich beim Fahren. Dann kann ich Ihnen nachher sagen, wie das geht." Gesagt, getan, er fuhr also noch einmal und beobachtete sich dabei selbst. Und was stellte er fest? Er bemerkte, dass er das Gewicht von einem Fuß auf den anderen verlagerte, dass er zum Schwung holen die Stöcke benutzte, dass er an einer bestimmten Stelle dreht und noch vieles mehr. Unten angekommen, erzählte er das alles dem Anfänger, der dankbar zuhörte und frohen Mutes losfuhr. Aber beim Ausprobieren musste er feststellen, dass ihm das überhaupt nichts nutzte. Als der Könner das merkte, erzählte er noch mehr und immer mehr und siehe da, nach ein paar Jahren konnte der Schüler Ski fahren. Froh, diese anstrengende Zeit erfolgreich hinter sich gebracht zu haben, schrieb der zum Skilehrer avancierte Könner alles auf, was er gemacht hatte, und so entstand der erste Skilehrplan. Und da es diesen nun seit vielen Jahren gibt, entstanden die folgenden kollektiven Fehleinschätzungen:

1. Erst gab es die Techniken (Lehrplan) und den dazugehörigen Vermittler (Skilehrer) und dann erst kam das Skilaufen! Aber es war genau umgekehrt. Zuerst hat sich aus dem Wunsch heraus, möglichst leicht durch den Schnee zu gleiten, das Skifahren entwickelt, und dann erst kam jemand und hat sich das näher angeschaut und in Einzelteile zerlegt.

2. Es funktioniert nicht, wenn man fließende körperliche Bewegungsabläufe in Einzelteile zerlegt, diesen Namen gibt, sie verbal – sozusagen von Kopf zu Kopf – einem Anfänger beschreibt und dieser dann versucht, sie in seinem Körper wieder zusammenzusetzen.

3. Es ist nicht grundsätzlich richtig, dass man mit einem Lehrer schneller lernt als ohne!

Klärungsphase

Bevor man beginnt, etwas zu lernen, sei es nun eine Sportart oder anderes, sind erst einmal verschiedene Begleitumstände zu klären, wie zum Beispiel Motivation, Zielsetzung, Einstellungen sich selbst und dem Thema gegenüber, mögliche Ängste, Zweifel und Hinderungsgründe. Dabei ist es wichtig, sich immer wieder zu verdeutlichen, dass sich Lernen in Schritten vollzieht, und dass viele kleine Erfolgserlebnisse wesentlich wertvoller sind als ein einziges, das erst in ein paar Jahren zum Tragen kommt.

Vor allem gilt es, sich vor Beginn von einigen angelernten Einstellungen zu verabschieden. So darf Lernen vom ersten Moment an Spaß machen, und nicht erst, wenn man etwas beherrscht. Meistens hat man am Anfang ohnehin viele Erfolgserlebnisse und positive Überraschungen, wenn man sie zulässt und sich nicht an einem fernen Ziel misst. Es kommt dabei nicht darauf an, wie es für andere aussieht – „Zuschauer" spielen keine Rolle –, sondern einzig darauf, wie Sie sich dabei fühlen. Und gute Gefühle kommen von innen, nicht von außen. Beobachten Sie doch einmal Menschen, die eine Sportart so gut beherrschen, wie Sie es sich wünschen würden, worüber Sie jetzt sehr glücklich wären. Sind diese Könner auch glücklich über ihre Fertigkeiten, machen sie einen zufriedenen Eindruck? Häufig können Sie beobachten, dass diese meist mehr mit sich hadern als jeder Anfänger, angespannt wegen der Vorstellung, die nächste Könnensstufe zu erreichen, oder frustriert über den momentanen Verlust einer bereits dagewesenen Fertigkeit. Sie aber haben als Beginner die einmalige Chance, dieses Spiel gar nicht erst zu beginnen, sondern von Anfang an jeden Lernfortschritt zu genießen. Und das beginnt damit, dass Sie lernen, auf sich, auf Ihre innere Stimme zu hören. Und wenn die sagt „Es reicht", dann hören Sie auf, wenn sie sagt „Langsamer", dann machen Sie langsamer. Gehen Sie so an Ihr Thema heran, dass es Ihnen Spaß macht, und folgen Sie keinen von außen vorgegebenen Trainingsprogrammen.

Die Phase des Ausprobierens und Erforschens

Achten Sie darauf, dass Sie dabei wirklich frei sind und sich nicht durch ein Zuviel an Anweisungen in Ihrem natürlichen Lernprozess stören lassen. Ein Lehrer sollte in dieser Phase genügend Raum zum selbst Ausprobieren und Erforschen lassen. Sie erinnern sich bestimmt, wie Sie laufen lernten? Da war ein Stuhl, Sie zogen sich hoch, machten einen Schritt und „Plumps" lagen Sie wieder auf dem Boden! Waren Sie frustriert oder ärgerlich? Im Gegenteil, mit neuem Elan ging es wieder auf allen Vieren zum Stuhl, wieder das Hochziehen und „Plumps", das gleiche Ergebnis. Haben Sie aufgegeben und gewartet, bis Ihre Eltern Ihnen entsprechende Anweisungen gegeben haben? Nein, Sie machten immer weiter und als die Zeit reif war, begannen Sie zu laufen. Interessanterweise nehmen aber auch die Eltern die Rolle des Lehrers in diesem Fall gar nicht ein. Weder sagen sie „Bleib liegen, das schaffst du nie" oder „Oh je, ich glaube, wir müssen dich durchs Leben tragen", noch geben sie technische Anweisungen bezüglich des Beugens und Streckens der Beine. Sie lassen ihr Kind ausprobieren und ermutigen es, indem sie die zweifelsfreie Sicherheit ausstrahlen, dass das Kind es lernen wird.

Vor allem das Erlernen einer körperlichen Fertigkeit macht deutlich, wo Lehren an seine Grenzen stößt und im Extremfall Lernen sogar behindert, wenn es nämlich permanent die Phase des Ausprobierens stört. Wenn Sie Lust haben, machen Sie einmal folgenden Test: Bitten Sie einen Bekannten, sich auf den Boden zu legen, und geben Sie ihm genaue Anweisungen, die dazu führen sollen, dass er aufsteht. Sie können ihm genau erklären, was er wie machen soll, Sie dürfen nur nicht die Worte „Steh auf" sagen. Ich werde Ihnen verraten, was dabei rauskommt: Ihr Bekannter wird noch nach Stunden auf dem Boden liegen. Allein etwas für uns so Selbstverständliches wie das Aufstehen ist ein solch komplexer Vorgang, dass er verbal nicht zu beschreiben ist. Genauso ist es bei jeder Sportart: Technische Anweisungen nutzen nichts. Im Gegenteil, sie stören Sie beim Selbstherausfinden und auf sich und den eigenen Körper hören. Denn das Ziel ist ja, dass jeder seine ihm gemäße optimale Form findet und nicht eine von außen als optimal angesehene Form versucht nachzuahmen. Nur dann ist die Verbindung zum eigenen inneren Spiel vorhanden, nur dann sind Sie mündig und verantwortlich und vor allem, nur dann können Sie immer weiter lernen, auch wenn kein Lehrer in der Nähe ist.

Lernen geschehen lassen

Beim Ausprobieren wird natürlich auch bereits gelernt. Spannend wird es dann, wenn man zur ersten Hürde kommt, wenn es klemmt. Diese Hürden zu überwinden und scheinbar Unmögliches zu bewältigen, macht besonders viel Spaß, eröffnen sich dabei doch wirklich neue Dimensionen. An dieser Stelle ist es wesentlich, seine Wahrnehmung darauf zu lenken, wo man sich anspannt, zumacht, aufgeben möchte. Denn in der Regel spannen wir uns in solchen Situationen an, weil sie in unserem bisherigen Lernerleben als unangenehm und unerwünscht betrachtet wurden. Sie sind mit Versagen, mit Nicht-Können, mit Fehler machen besetzt, also mit Dingen, die zu Schwäche und Anspannung führen.

Beim Inner Game sind solche Situationen das eigentlich Interessante, sie sind Herausforderung und Motivator in einem. Der erste Schritt ist das Wahrnehmen der Anspannung. Denn nur wenn mir bewusst ist, was mich hindert, habe ich die Chance, etwas zu verändern, und in diesem Fall hieße das loslassen und entspannen. Sie können dann auf Ihren Atem achten: Fließt er ruhig und gleichmäßig im Einklang mit der Bewegung? Stockt er an manchen Stellen oder halten Sie gar die Luft an? Sie können Ihre Wahrnehmung in alle Körperteile lenken und spüren, welche angespannt, welche entspannt sind, welche Sie aktiv einsetzen, welche nicht. Das ist eine sehr interessante Entdeckungsreise, bei der Sie feststellen, dass so manche Anspannung nicht nötig ist.

Damit erreichen Sie wieder den Zustand, in welchem das Lernen geschieht. Sollte es einmal einfach nicht weitergehen, dann handelt es sich entweder um ein natürliches Lernplateau, das heißt, Sie sind gewissermaßen satt und es passt nichts mehr rein, oder es ist einfach nicht der richtige Zeitpunkt. In diesem Fall machen Sie am besten eine kleine Pause und halten es mit Goethe: „Hast in der bösen Stund geruht, ist dir die gute doppelt gut."

Wenn es Ihnen gelingt, Lernen geschehen zu lassen, lässt sich Erfolg nicht vermeiden. Sie lernen quasi von allein in Ihrem Tempo, Ihrem Rhythmus, in Ihrer eigenen Bewegung, innerhalb eines Zeitraumes, den Sie selbst bestimmen. Und völlig unabhängig von äußeren Geschehnissen wissen Sie, was für Sie gut ist, wann Sie weitermachen sollten, wann eher aufhören. Keiner braucht es Ihnen zu sagen oder Sie zu bestätigen.

„Inner Game ist selber drauf kommen, wie's geht."
Ein Seminarteilnehmer

Lernen im Einklang mit der Natur

Nicht nur bei Kindern, auch bei Erwachsenen, die etwas lernen oder etwas Neues angehen möchten, lässt sich das gut mit dem Wachstum einer Pflanze vergleichen. Der Same wird gesetzt, sei es eine Idee, ein Ziel, ein Thema oder ein Baum. Dann passiert erst einmal gar nichts. Je nach Umfeld, also Erde und Schutz, Jahreszeit, Kälte oder Wärme, Nahrung und Flüssigkeit, beginnt er zu treiben. Egal ob er groß oder winzig ist, er beginnt nicht irgendwie zu treiben, sondern zielorientiert nach oben und ohne Zweifel an dem, was er werden soll, ob das nun bewusst ist oder nicht.

„Ein Radieschen wächst auch nicht schneller, wenn man daran zieht" ist ein schöner Satz von Graf Dürckheim, einem Philosophen unserer Zeit, der die Rolle des Schülers und des Lehrers auf den Punkt bringt. Alles ist vorhanden, um eine „Ich-kann-Haltung" zu haben und damit Vertrauen in sich und andere zu entwickeln. Was es braucht, ist eine entsprechende Umgebung, sind Pflege und Nahrung (Spielraum) und das Gespür für den richtigen Zeitpunkt.

Betrachten wir den Lebensweg eines Radieschens einmal näher: Zunächst ist da ein winziger, unscheinbarer Samen. Nichts lässt darauf schließen, was daraus einmal werden soll. Und dennoch ist bereits alles vorhanden, um zu einem Radieschen heranzuwachsen. Ja, selbst wenn der Radieschensamen mehr Lust hätte, eine Eiche zu werden, wäre das sinnlos.

Dieser Samen braucht nun eine Umgebung, die das Keimen der in ihm verborgenen Anlage fördert. Dazu gehören ein gewisser Nährboden, Licht, Wasser und Wärme. Wenn das in einem ausgewogenen Verhältnis gegeben ist, beginnt der Samen zu wachsen. Ein Zuviel des einen kompensiert ein Zuwenig des anderen genauso wenig wie ein Ziehen, Biegen oder Strecken. Die ersten Triebe brauchen natürlich mehr Schutz als die ausgewachsene Pflanze, wobei auch hier übermäßiger Schutz vor Wind und Wetter gefährlich werden kann, weil die Pflanze dann womöglich

„übermütig" schnell wächst, ohne die entsprechende Stabilität und Widerstandskraft zu entwickeln.

Das Wachstum geschieht nicht gleichmäßig. So ist nach einem Drittel der Zeit nicht ein Drittel des Radieschens vorhanden, sondern weitaus weniger. Ein natürliches Phänomen, z.B. auch bei der Entwicklung des Embryos. Auch da ist nach einem Drittel der Zeit nur ein Bruchteil der späteren Größe vorhanden, jedoch bereits alle Anlagen. Das wird in unserer ergebnisorientierten Welt übersehen. Denn hier muss alles ganz schnell gehen, und zwar von Beginn an mit sichtbaren Ergebnissen. John Horman, ein ehemaliger IBM Manager und heute als Zukunftsforscher gerne gehört, sagt dazu: „Wenn Manager Bauern wären, würden wir verhungern. Sie würden nämlich jeden Tag die Pflanzen aus der Erde ziehen, um zu kontrollieren, ob sie schon genug gewachsen sind." Es ist daher wichtig zu beachten, dass selbst bei optimalen Bedingungen die Wachstumszeit nicht beliebig verkürzbar ist!

Ausgangspunkt für alles Wachstum ist, dass ein gewisses Potenzial vorhanden ist, das zum Wachsen gebracht werden kann. Es ist also etwas bereits Vorhandenes, das von innen kommt und nicht von außen vorgegeben wird.

Gleichzeitig gilt es herauszufinden, welche Bedingungen es zum optimalen Wachsen braucht, also einen geeigneten Nährboden, Licht, Wasser und Wärme. Findet man den richtigen Mix, ist das Wachstum eine natürliche Folge und man kann schließlich, wenn die Zeit reif ist, die Früchte ernten.

Auf der Kanareninsel La Gomera steht an dem Ort, an welchem ich einen Teil dieses Buches geschrieben habe, ein ganz normaler Gummibaum, wie sie bei uns in manchen Wohnzimmern stehen. Er unterscheidet sich jedoch von ihnen in außergewöhnlicher Weise. Hier, unter offensichtlichen Idealbedingungen, wie viel Wärme, Sonne und einer Quelle direkt unter seinen Wurzeln, entfaltete er innerhalb von nur 25 Jahren ein erstaunliches Potenzial und hat mittlerweile einen Stammumfang von 8,20

Metern. Ich habe mit meinen Kindern ein Seil in dieser Länge zusammengeknotet und sie hätten es mir nicht geglaubt, wenn ich nicht ein Foto mitgebracht hätte.

Voraussetzung für den Wachstumsprozess, sei es beim Radieschen, beim Gummibaum oder bei uns Menschen, ist das Vertrauen darauf, dass die Grundanlagen bereits vorhanden sind. Bei Radieschen haben wir da offenbar keine Zweifel. Wie schaut es aber bei uns Menschen aus? Lassen wir die Dinge wirklich wachsen? Ist dieses Vertrauen wirklich da oder wird eher versucht, von außen nachzuhelfen, zu ziehen, zu biegen und zu formen? Ist diese gut gemeinte Unterstützung nicht gerade die Ursache für Unsicherheiten, Zweifel und Ängste? Wird dem Einzelnen die Zeit gegeben, die für ihn die richtige ist? Hat die Sorge für genügend Nährboden, Licht, Wasser und Wärme ihren Stellenwert oder wird einfach drauflos gegossen und gedüngt? Und vor allem, lässt man den Samen entscheiden, was für ihn gut ist oder zwingt man ihm etwas auf?

Ich glaube, dass heute aus vielerlei Gründen, vor allem aber aus mangelndem Selbstvertrauen sehr oft gegen die Natur gehandelt wird. Trotz der Anlagen zu einem prächtigen Baum ähneln wir dann eher wurzelschwachen Bonsais. Diese sehen zwar ihrer Form nach genauso aus wie große Bäume, sind aber klein und verkrüppelt. Sie wurden von ihren Besitzern so gemacht und gebogen, wie es diesen gefiel. Dabei wurden dauerhaft Zwang und Druck ausgeübt und das Ergebnis mag ja auch ganz nett anzuschauen sein. Nur mit der ihm eigenen Anlage zu einem mächtigen Baum mit großer Krone und ausladenden Wurzeln hat das nichts mehr zu tun.

Ich möchte mit meiner Arbeit dazu beitragen, dass auch wir Menschen mehr gemäß unseren Anlagen wachsen und lernen und uns nicht unnötig verbiegen und im ständigen Mangel leben. Dazu gehört immer wieder, für den richtigen Nährboden zu sorgen, sich mit der Kraft des Lichts zu verbinden, flexibel und im Fluss zu sein und sich die Wärme zu geben, die alles verbindet, um Wachstum zu ermöglichen. Daraus entwickeln sich dauerhaft fließende Kräfte, die weniger Energie brauchen als einmalig durchschlagende, aber erschöpfende Anstrengungen.

„Etwas, das man dir beigebracht hat, hat den Nachteil, dass du es nicht mehr selbst entdecken oder erfinden kannst."
Jean Piaget

Die Rolle des Lehrers

„Wer sich's schwer macht, hat's schwer!"
Inner Game Weisheit

Ich hätte nie gedacht, dass ich selbst einmal eine Art Lehrer würde. Nicht nur weil mir bewusst war, welche prägenden Kräfte es haben musste, wenn man seinen Arbeitsplatz mit ca. sechs Jahren betritt, um ihn ca. 60 Jahre später erst wieder zu verlassen! Vor allem, weil für mich Lernen mit vielen unangenehmen Erfahrungen belegt war.

Mein Lernprozess begann wie bei den meisten in der Schule, davor war Lernen ein Vergnügen. Während der Schulzeit lernte ich vor allem, wie es ist, wenig zu verstehen und dabei dennoch zu überleben. Trotz oder gerade wegen meiner Leistungen sagte mein Vater immer, wenn ich wieder etwas nicht verstanden hatte, dass das nicht an mir läge, sondern daran, dass der Lehrer es mir nicht verständlich machen konnte. Ich solle mir daher keine Sorgen machen. Die machten sich aber offenbar manche meiner Lehrer umso mehr. Meine Französischlehrerin war viele Jahre später als Zuhörerin auf einem meiner Vorträge. Danach kam sie ganz begeistert und glücklich aussehend auf mich zu und sagte: „Darf ich noch Christian zu Ihnen sagen?" Und als ich das bejahte, sagte sie mit der ihr schon immer eigenen Offenheit „Christian, dass aus Ihnen noch etwas geworden ist, freut mich ganz besonders!".

Was mich zutiefst berührt, ist nicht die Tatsache, dass Lehrer ihr Wissen oft umständlich und kompliziert machen. Tragisch finde ich, dass die Schüler dabei die dauerhaft lähmenden „Ich kann nicht"-Gefühle kennen lernen und schließlich verinnerlichen. Kinder können dem nichts entgegen setzen, Erwachsene schon. Daher halte ich es für wesentlich, sich als Lehrer einmal Gedanken über die eigene Rolle zu machen und dabei die üblichen Grenzen zu überschreiten. Auch der Schüler hat seine Rolle zu verändern, wovon das nächste Kapitel handelt. Den Beginn kann aber nur der Lehrer machen.

Mit „Lehrer" sind alle gemeint, die anderen etwas beibringen möchten. Dazu gehören Lehrer in Schulen, Sportlehrer, Trainer auf dem Sportplatz oder in der Wirtschaft, und nicht zuletzt Führungskräfte, die ihre Mitarbeiter bewegen möchten, sich selbst zu bewegen. Allen gemeinsam ist eine bestimmte Machtposition und die Absicht, freiwilligen oder unfreiwilligen „Schülern" etwas nahe zu bringen oder beizubringen.

„Oh, schmeckt der gut", sagte Sabine, ein kleines Mädchen, „viel besser als die aus dem Laden. Wie machst du das, dass deine Äpfel so gut sind?" Die Frage richtete sie an Herrn Müller, ihren Nachbarn, dessen Hobby sein Garten war. „Wenn die Schule nur auch so gut schmecken würde!", meinte Sabine seufzend, als sie mit ihrem Apfel wegging.

Herr Müller blieb in Gedanken zurück, stützte sich auf seine Schaufel und schloss die Augen. Ja, warum schmeckt die Schule nicht so gut wie seine Äpfel? Diese Frage ließ ihn nicht mehr los. Herr Müller war Lehrer, und das schon seit langer Zeit. Und während er die warme Herbstsonne in seinem Gesicht spürte, wurde ihm bewusst, dass auch ihm die Schule schon seit langem nicht mehr schmeckte. War das nicht damals auch ein Grund, warum er sich immer mehr auf sein Hobby stürzte? Und wie oft denkt er heute schon morgens in der Schule daran, wann er endlich in seinen geliebten Garten kommt. Aber warum war das so? Er hatte sein Fach doch früher einmal geliebt – aber das war lange her und er konnte sich kaum noch daran erinnern.

Am nächsten Morgen pflückte er einen Korb voll seiner schönsten Äpfel und nahm sie mit in die Schule. Er begann seinen Unterricht, indem er die Äpfel austeilte und sagte: „Ich möchte mit euch gerne etwas herausfinden, was mich beschäftigt, und zwar: Wie schmeckt ein Apfel und wie schmeckt die Schule und was ist der Unterschied?" Die Schüler dachten, er wäre übergeschnappt, aber sie mochten ihn, und als sie sein ernstes und nachdenkliches Gesicht sahen, machten sie mit. So begannen sie Gründe zu sammeln, warum der Apfel gut schmeckt.

Herr Müller schrieb strahlend mit, war er doch auch sehr stolz auf seine Äpfel: „Die Äpfel sind saftig, süß, frisch, herzhaft, energiespendend, lebendig, einmalig, nährend, knackig und einfach gut", lauteten die Bemerkungen der Schüler.

Auf die zweite Frage – „Wie schmeckt die Schule?" – kamen nach anfänglichem Zögern folgende Antworten: sauer, fad, nach nichts, mehlig, unreif, holzig, hart, geschmacklos usw. „Natürlich nicht immer", meinten einige tröstend, als sie Herrn Müllers Gesicht sahen.

Herr Müller schrieb auch das mit und als er fertig war, rutschte ihm heraus: „Ich finde das auch!"

„Waaas?", kam es wie aus einem Munde. Und als er seinen Schülern eingestand, das ihm die Schule auch nicht schmecke, herrschte erstmal einiger Tumult.

„Ja, dann ändern wir dass doch und machen, dass die Schule schmeckt!", sagten die Schüler, und auf das verzweifelte „Wie denn" von Herrn Müller sagte einer von ihnen: „Das ist doch ganz einfach! Wir nehmen die erste Liste und unser Fach und schauen einfach, was es braucht, damit es saftig, süß, frisch, herzhaft usw. wird. Das kann doch nicht so schwer sein!"

Zum ersten Mal seit langem arbeitete Herr Müller am Nachmittag nicht in seinem Garten. Stattdessen saß er im Liegestuhl und war fasziniert von der Einfachheit der Frage: Nicht, wie vermittelt man Wissen, ist die Frage, sondern was macht Wissen saftig, süß, frisch und herzhaft. Was ist die Essenz, der Kern, das Wesentliche?

Ich glaube, dass viele Lehrer vor lauter Reproduzieren von Wissen oft das Wesentliche aus den Augen verlieren. Denn in unserem System ist es weitaus wichtiger, vorhandenes Wissen weiterzugeben, als bei den Schülern, auf welche Weise auch immer, den Spaß und die Freude am Lernen und Wachsen zu entfachen.

Der Inner Game Lehrer hat die Aufgabe, auf das Wesentliche zu schauen. Dazu gehört ein ständiges Suchen nach der „Perle", die in dem zu vermittelnden Lernstoff steckt. Denn vorhandenes Wissen wurde nicht entdeckt und entwickelt, nur damit die Schüler etwas zu tun haben. Es entstand aus der brennenden Neugierde, aus dem Wunsch, die Rätsel der Welt zu ergründen und sich ihre Geheimnisse zunutze zu machen.

Um diese Lust am Entdecken zu erzeugen, ist es aber nötig, in erster Linie im Schüler den Menschen mit seiner Vielfalt an Potenzialen zu sehen und ihm einen Rahmen zu bieten, in welchem sich diese Potenziale entfalten können. Das bedeutet eben nicht das „Nachbeten" irgendwelcher vorgefertigter Sätze und Formeln oder das monotone Wiederholen von Techniken. Es geht um das Wesentliche, um die Perle, deren Sinn sich nur erschließt, wenn man tief genug dringt.

Der herkömmliche Lehrer definiert sich dagegen sehr stark über sein Wissen und seine Fertigkeiten und weniger über sein wirkliches Potenzial und das seiner Schüler. Ziel eines Lehrers sollte sein, dass ihn seine Schüler überflügeln. Er schafft den Rahmen, der dieses Lernen ermöglicht. Auf welche Weise jedoch der Schüler diesen Rahmen ausfüllt, bleibt ihm selbst überlassen. Der Lehrer bringt dem Schüler demnach nichts bei, der Schüler bringt sich selbst etwas bei und ist dafür verantwortlich.

Erkennen können Sie Inner Game Lehrer an zwei Kriterien:

1. Der Inner Game Lehrer nutzt den Körper als Spiegel. Er setzt bewusst und gezielt körperliche Aktivitäten ein, um geistige Lernprozesse zu unterstützen und zu beschleunigen. Wissen wird nicht ersessen und erdacht, sondern erfahren und erlebt.

2. Der Inner Game Lehrer hat eine Grundhaltung, die auf das Potenzial des Schülers vertraut und dieses fördert. Eigenes Wissen, Techniken und Methoden stehen dabei im Hintergrund.

Folgende Auflistung möchte das verdeutlichen:

1. Der Inner Game Lehrer denkt in größeren Zusammenhängen

Das betrifft zunächst einmal sein eigenes, ganz persönliches Inner Game. Was ist der eigentliche Grund für meine Berufswahl? Ist es ein Job oder ist es Berufung? Wo stehe ich in Bezug zu meinen Lebenszielen? Wie ist die Balance zwischen Risikobereitschaft und Sicherheitsbedürfnis? Solche und andere Fragen führen zu einer ehrlichen Bestandsaufnahme, die wiederum Voraussetzung dafür ist, über den eigenen Tellerrand hinauszuschauen und gegebenenfalls auch unübliche, manchmal sogar einsame Wege zu gehen.

In diesem Kontext rückt die Bedeutung des Wissens, das der Lehrer sich angeeignet hat, um es weiterzugeben, immer weiter in den Hintergrund. Menschen mit individuellen Fähigkeiten, Wünschen und persönlichen Geschichten treten an seine Stelle. Der „Lernstoff" wird zum Grund der Begegnung, darf aber den Menschen nicht dominieren.

Ein solches Denken in größeren Zusammenhängen führt schnell an die Grenzen bestehender Normen, Rahmenbedingungen oder geschriebener und ungeschriebener Gesetze. „Ich würde ja, wenn unser Schulsystem anders wäre, wenn die Klassen kleiner, die Stunden länger, der Stoff weniger, die Schüler motivierter wären …!" wird dann oft eingewendet.

Wie die Geschichte schon vielfach gezeigt hat, beginnen Veränderungen im Kopf, werden Grenzen zuerst im Kopf überwunden. Umgekehrt werden sie dort auch zementiert und festgeschrieben. Vor vielen Jahren sagte mir einer meiner Lehrer: „Wer, wenn nicht du, wann, wenn nicht jetzt!"

2. Der Inner Game Lehrer schwitzt

Das ist nicht unbedingt nur körperlich gemeint, weil er sich viel bewegt. Auch nicht nur darum, weil er permanent an Grenzen bestehender Systeme stößt. Der Hauptgrund für diese Aussage ist der, dass es mitunter ganz schön schweißtreibend ist, andere dazu zu bewegen, sich selbst zu bewegen, erfordert es doch höchste Präsenz und Aufmerksamkeit. Da alles immer wieder neu ist, kein vorgefertigtes Wissen vermittelt wird, besteht zwar keinerlei Gefahr, in Routine zu erstarren. Es bedeutet aber, dass man bereit ist, immer wieder von vorn zu beginnen, um den individuellen Voraussetzungen und Potenzialen jedes Einzelnen auf die Spur zu kommen. Egal was man sich vornimmt, es kommt meistens anders. Daher zielt die Vorbereitung eines Inner Game Lehrers vor allem darauf, in diesen wachen, neugierigen und aufnahmebereiten Zustand zu kommen und quasi mit nichts als sich selbst zu beginnen.

Da die Schüler bei diesem prozessorientierten Weg nicht nur alle Höhen und Tiefen selbst durchlaufen, sondern diese auch noch individuell verschieden sind und jeder sein eigenes Tempo bestimmt, sind auftretende Adrenalinstöße unausweichlich. Denn gerade in solchen kritischen Phasen fragt sich der Inner Game Lehrer ständig, ob er eingreifen muss oder den Prozess zum Wohle des Schülers noch laufen lassen soll. Keiner nimmt ihm diese Entscheidung ab, und allgemein gültige Regeln lassen sich nicht aufstellen. Es sollte allerdings immer ein Lernraum gewährleistet sein, in dem sich der Schüler sicher fühlt. All das hat natürlich den Vorteil, dass es auch dem Inner Game Lehrer nie langweilig wird und er erschöpft, aber glücklich nach vollbrachtem Tagewerk oft noch in der Sauna weiterschwitzt.

3. Der Inner Game Lehrer vergisst sein Wissen

Dieser Satz bringt auch den herkömmlichen Lehrer ins Schwitzen, ist es doch in erster Linie das lange und mühsam erarbeitete Wissen, worauf er sich stützt und das er vermitteln möchte!

Geht es nicht gerade darum, dieses wertvolle Wissen weiterzugeben? Ja und Nein. Dem Inner Game Lehrer geht es darum, dass der Schüler dieses Wissen verinnerlicht, es sich zu eigen macht. Das ist etwas ganz anderes, als wenn fertiges Wissen von außen aufgepfropft wird wie der Birnenzweig auf einen Apfelbaum. Im ersten Fall liegt das Hauptaugenmerk beim Schüler, im zweiten beim Wissensstoff. Ich gehe so weit zu behaupten, dass es sinnvoll wäre, der Lehrer lehrte einen Stoff, den er selbst gar nicht beherrscht. Zum einen besteht dann nicht die Gefahr, dass er etwas vermitteln möchte, zum anderen kann er sich dann viel besser in die anderen „Unwissenden" hineinversetzen und sich gemeinsam mit diesen auf den Forschungsweg begeben. Selbstverständlich kommt ihm dabei seine Erfahrung zugute, bereits etwas, nämlich sein eigenes Thema oder Fachgebiet, bis zum meisterlichen Können erarbeitet zu haben. Da er sich aber nicht mehr über dieses spezielle Wissen definiert, er in diesem Fall gar keines hat, kann ein Inner Game Lehrer in aller Gelassenheit zu seiner Unwissenheit stehen. Das nimmt viel vom Leistungsdruck und gibt Spielraum, sich mehr auf das Wesentliche, auf den Schüler einzulassen. Der Lehrer ist nicht mehr Wissensvermittler, sondern er wird zum Spielraumgestalter.

4. Der Inner Game Lehrer ist ein Spielraumgestalter

Hier bietet sich ein Vergleich mit dem Fußballspiel an. Der Inner Game Lehrer hat eine Mannschaft, die er zwar trainiert, an deren Spielen er selbst aber nicht aktiv teilnimmt. Zur Vorbereitung dieser Spiele gestaltet er in erster Linie einen lernfördernden Rahmen und weckt die Lust am Thema. Dieses wie jedes andere Spiel hat Regeln, hat Begrenzungen und Freiheiten und vor allem, es hat eine Richtung, ein Ziel. Aufgabe des Inner Game Lehrers ist es nun, aus vielen Einzelspielern eine Mannschaft zu machen, die gemeinsam in eine Richtung geht. Dazu hilft er jedem Einzelnen herauszufinden, worin seine besonderen Stärken liegen. Ist jemand eher offensiv oder eher zurückhaltend, eher draufgängerisch oder abwägend, eher risikobereit oder vorsichtig, eher rational oder emotional und vieles mehr. Jeder Mensch ist anders und fühlt sich in der Position am wohlsten, in der er über die meisten Fähigkeiten verfügt. Bevor also das eigentliche Spiel beginnt, sind die Positionen zu klären. Dabei wird deutlich, wie sehr alle voneinander abhängen. Gäbe es nur Stürmer oder nur Verteidiger, könnte das Ziel nicht erreicht werden. Das Gleiche gilt für das Zusammenspiel im „Lernteam", das der Lehrer hilft zusammenzustellen. So vorbereitet geht das eigentliche Spiel los und die Schüler machen sich gemäß ihren Fähigkeiten und ihrer Spielposition daran, ihren Teil zum „Wissenserwerb" beizutragen. Der Spielraum dient dann letztlich dazu, dieses Einzelwissen zu einem gemeinsamen Wissen zu machen, wobei jeder vom anderen lernt. An dieser Stelle „darf" der Trainer, ob er nun will oder nicht, nur noch an der Seitenlinie entlangsausen. Einen Inner Game Trainer können Sie jetzt daran erkennen, dass er gelassen darauf vertraut, dass seine Schüler selbständig ihren Weg gehen und er im Augenblick nichts mehr dazu beitragen kann.

5. Der Inner Game Lehrer hat Vertrauen in sich und andere

Die Beziehung zwischen Lehrer und Schülern und den Schülern untereinander ist getragen von Offenheit und Austausch. Fehler gibt es nicht bzw. sie sind erwünscht, auf dass per Feedback eine Korrektur zustande kommen kann. Richtig und falsch im Sinne von gut und schlecht gibt es auch nicht, da davon ausgegangen wird, dass niemand absichtlich etwas falsch macht und Fehler daher nur als Hinderungsgründe auf dem Weg zum gewünschten Ergebnis von Interesse sind. Die Schüler lernen, dass es etwas Schönes ist, sich gegenseitig auf Dinge aufmerksam zu machen. Sie lernen beispielsweise auch die Vorteile unterschiedlicher Verhaltensweisen und Fertigkeiten zu schätzen: Was kann der Schnelle vom Langsamen lernen? Und umgekehrt, der Langsame vom Schnellen? Der Lehrer als Moderator sorgt für diesen offenen Rahmen und wird in zunehmendem Maß überflüssig bzw. moderierender Teil der Gruppe. Er wird somit unabhängig von Methoden und braucht sich nicht mehr hinter Wissen oder einer bestimmten Rolle zu verstecken.

6. Der Inner Game Lehrer nutzt den Körper als Erfahrungsraum

Er nutzt körperliche und spielerische Aktivitäten wie Sportarten, Musik, Tanzen und setzt diese gezielt für den Lernprozess ein. Er erkennt damit an, dass der Mensch aus Fleisch und Blut besteht, und dass er – von Natur aus ein Läufer – auch heute ausreichend Bewegung braucht. Für ihn ist selbstverständlich, dass körperliche und geistige Beweglichkeit ebenso miteinander korrespondieren wie Kraft und Ausdauer. Körper, Geist und Seele oder Hand, Kopf und Herz sind in einem ausgewogenen Verhältnis. Aktivität wechselt mit Ruhe, geistige Herausforderung mit körperlicher. Kurz, Unterricht ohne Jonglieren oder andere Bewegungsformen ist für ihn undenkbar.

7. Der Inner Game Lehrer lässt den Schüler seinen eigenen Weg gehen

Der Inner Game Trainer versucht dabei nicht, dem Lernenden die für seine Entwicklung wichtigen Erfahrungen, seien es auch negative, zu ersparen. Voraussetzung dafür ist, dass er den Weg als Ziel betrachtet und akzeptiert, dass es so viele Wege gibt wie er Schüler hat.

8. Der Inner Game Lehrer kann schweigen

Der Inner Game Lehrer hilft dem Schüler aus seiner Schülerrolle. Er holt ihn heraus aus seiner scheinbar sicheren Defensive. Dazu gehört, dass er Momente der Spannung aushält. Diese können darin bestehen, dass auch einmal geschwiegen wird und auch der Lehrer nicht als erster das Wort ergreift.

9. Der Inner Game Lehrer ist keine Krücke, sondern Geburtshelfer!

Betrachten Sie einmal ein Kind, das gerade laufen lernt: Wie es so ganz und gar bei der Sache ist und wie es mit Misserfolgen umgeht, wie es lernt.

Da ist volle Aufmerksamkeit, aber da ist kein Zweifeln oder mit sich hadern. Vielmehr beobachten wir ein permanentes Ausprobieren verschiedener Möglichkeiten, gepaart mit einem Durchhaltevermögen, das kaum ein Erwachsener aufbringt, schon gar nicht mit einem solchen entspannt-konzentrierten Lächeln.

Wenn dann der Erwachsene auftaucht, um dem „hilflosen" Kind zu „helfen", passiert Folgendes: Da das Kind sich gar nicht hilflos fühlt, muss der Erwachsene ihm erst einmal beibringen, dass es hilflos ist. „Das ist schwierig, das ist gefährlich, das lernt nicht jeder, das musst du von mir lernen" u.v.m. wird ständig vermittelt. Meist geschieht das beim Laufen lernen noch nicht so sehr. Aber spätestens beim Schwimmen oder Fahrrad fahren kommen dann die gut gemeinten Ratschläge besorgter Eltern. Die Folge ist, dass der natürliche innere Lehrer, jener, der im Einklang mit dem eigenen inneren Spiel erforscht und ausprobiert, ersetzt wird durch den äußeren Lehrer. Innen wird es dann immer leerer und leerer. Sie sehen, was ein kleines „h" alles so bewirken kann!

So werden aus Vertrauen – Misstrauen, aus Erforschen – Zaghaftigkeit, aus Sicherheit – Angst, aus Ruhe – Hektik, aus Tun - Zögern, aus Zuversicht – Zweifel. Der innere Lehrer wehrt sich noch eine Zeit lang und verstummt schließlich. Der Ernst des Lebens beginnt.

Der Inner Game Lehrer unterstützt den Schüler darin, sein eigener Lehrer zu bleiben.

10. Der Inner Game Lehrer hat Zeit

Den Menschen und Dingen ihre ihnen eigene Zeit zuzugestehen ist im üblichen „Gruppenunterricht" scheinbar schwierig, wie mir immer wieder gesagt wurde. Zwar wird schon seit langem erkannt, dass unterschiedliche Tempi da sind, aber „Ich kann mich doch nicht an den Langsamen orientieren!". Sich und anderen Zeit zu lassen und darauf zu vertrauen, dass es ganz leicht geht, wenn der Zeitpunkt gekommen ist, ist eine der größten Herausforderungen für den Inner Game Lehrer, gerät doch auch er immer wieder in Versuchung, helfend einzugreifen. Wenn der Inner Game Lehrer sein Metier beherrscht, lässt er den Schüler seinen Weg selbst finden und greift nur ein, wenn die Gefahr besteht, in einer destruktiven Sackgasse zu landen.

11. Der Inner Game Lehrer kann loslassen

Ein wichtiger Schlüssel ist das Loslassen. Wenn Sie als Lehrender Lust bekommen haben, zum Inner Game Lehrer zu werden, ist es nicht nur eine große Loslassleistung, wenn Sie Ihr gesamtes Wissen nicht mehr in den Mittelpunkt stellen. Es geht noch weiter. Sie lassen alte Sicherheiten los und bekommen dafür keine neuen. Entsprechend kommt auch dem „Lehrer" oder „Trainer" eine völlig neue Rolle zu. Er ist in allererster Linie ein Mensch und betrachtet sein persönliches Inner Game als einen ständigen Prozess, der in seine Arbeit als Trainer miteinfließt. Seine Aufgabe ist es, einen Rahmen zu schaffen, in dem sich das in jedem Menschen vorhandene „Innere Spiel" entfalten kann. Denn nur so kann es wirkliche Meisterschaft geben, Meisterschaft im Sinne von Einssein, im Fluss sein, glücklich sein.

„Hat man seine Berufung gefunden, stellt man fest,
dass man sie schon immer in sich trug!
Wer auf den Ruf von außen wartet, wartet lange!"
Inner Game Weisheit

Die Rolle des Schülers

„Es sitzen 25 junge Menschen in einem Raum. Ein Lehrer lehrt. „Was", fragt sich ein Schüler, „soll das?" „Wer", schreit der Lehrer, „hat geredet?" „Ich", sagt der Schüler, „habe nur laut über eine Frage nachgedacht." „Du", schimpft der Lehrer, „solltest lieber zuhören!"
Zitat aus einer Schülerzeitung

Nicht selber nachdenken, sondern den Gedanken des Lehrers folgen! So oder so ähnlich lautet das Motto, das die meisten Schüler stillschweigend akzeptieren. Die Schüler sind so gesehen mehr Objekt als Subjekt. Deshalb ist es unbedingt notwendig, den Schülern ihr Selbstvertrauen wiederzugeben. Ohne das Wissen, dass sie es sind, um die es geht, und dass sie deshalb auch ein selbstverständliches Recht darauf haben, die Schule und somit ihr eigenes Leben mitzugestalten, gibt es keine Veränderung.

Auch der Schüler kommt damit in eine neue und für ihn ungewohnte Rolle. Er wird selbst aktiv, statt abzuwarten, was von vorne kommt, er bringt sich und sein Denken mit ein, er bestimmt mit, er fragt, forscht, probiert aus. Der Lehrer nimmt ihm keine der so wichtigen Erfahrungen ab, sondern lässt sie ihn selbst machen. Während der Lehrer die Verantwortung für den Ablauf hat, ist der Schüler verantwortlich für den Inhalt und für das Ergebnis.

Vor allem am Anfang ist das für den Schüler nicht einfach, da er zum einen gewohnt ist, dass ihm gesagt wird, was er zu tun hat. Zum anderen fehlt auch noch das Vertrauen in die eigenen Fähigkeiten und die Begeisterung dafür, den Dingen selbst auf den Grund zu gehen.

Ich möchte das an einem kleinen Beispiel verdeutlichen. In einem meiner Seminare bestand zu Beginn des Tages – sozusagen als bewegende Einstimmung – die Aufgabe darin, dass sich jeder eines der herumliegenden Instrumente nimmt, hauptsächlich Percussioninstrumente, und dann damit spielt und sich gleichzeitig im Raum bewegt. Das lief folgendermaßen ab: Manch einer griff zielsicher nach einem Instrument, andere probierten verschiedene aus, bis sich schließlich jeder für ein Instrument entschieden hatte. Munter und vergnügt liefen alle durch den Raum und versuchten sich an ihren Instrumenten. Die Stimmung war gut, es bildeten sich da und dort kurzfristig kleine Grüppchen und teilweise hörte es sich auch ganz nett an. Nach einiger Zeit, als die erste Faszination am Instrument und der Situation etwas nachließ, wandte sich schon der eine oder andere Blick zu mir, was jetzt wohl komme. Aber ich reagierte nicht darauf. Jetzt versuchten einzelne, zu einem Zusammenspiel zu kommen, was auch funktionierte, da es aber mehrere Gruppen gleichzeitig taten, störten sie sich gegenseitig. Und so brach alles wieder auseinander, und die Stimmung wurde zunehmend schlechter. Jeder zog sich auf sich zurück, und es gab kein Weiterkommen. Lustlos und mit sich selbst beschäftigt marschierten alle durch den Raum. Plötzlich kam in einer Ecke Bewegung auf, zwei hatten sich gefunden und einen Dialog mit ihren Instrumenten begonnen. Mehr und mehr gesellten sich dazu und nach wenigen Minuten war ein wunderbares Konzert im Gange, der Rhythmus jedes einzelnen pulsierte durch sein Instrument und verband sich mit dem gesamten Rhythmus – Vielfalt und Einklang in einem. Jeder spielte sich selbst und war dennoch Teil des Ganzen. Alle waren hoch konzentriert und keiner strengte sich dabei an. So spielten sie eine ganze Weile und ohne ein sichtbares äußeres Zeichen fanden sie plötzlich einen Schlusspunkt, wie er in professionellen Kompositionen nicht besser hätte sein können.

Was war da passiert und was hat das mit der Rolle des Schülers zu tun?

Zunächst bewegte sich alles ganz gut; allerdings auf einem niedrigen „Wissensniveau". Jeder lernte auf seine Weise und es gab sporadische Ausschläge nach oben. Als diese Lernphase sich erschöpft hatte und eine Tendenz in Richtung Gemeinsamkeit entstand, begann das Ganze zu stocken, langweilig zu werden. Die Teilnehmer sahen sich einer Art Mauer gegenüber. Sie schien unüberwindbar, alles drehte sich im Kreis und der Ruf nach einem „Wissenden" (Lehrer) wurde laut. Als dieser Wunsch nicht erhört wurde, verschärfte sich die Krisensituation. Das führte nicht nur dazu, dass jeder wieder stark auf sich selbst zurückgeworfen wurde und damit Verantwortung übernahm – jeder hätte auch einfach aufhören können –, es führte auch dazu, dass die Energie stetig wuchs. Negativ formuliert könnte man es Druck nennen, ein Druck, der nach einer Lösung sucht, die sich plötzlich auftat. Was dann geschah, war ein Sprung die ganze Mauer hinauf auf die nächste Ebene. Entscheidend für die Teilnehmer und auch für alle weiteren Prozesse, wo solche Mauern auftauchten, war, dass sie es alleine geschafft hatten. Überrascht waren viele auch von der Größe des Sprunges. Denn das Ergebnis war für alle ungeheuer beeindruckend, lag es doch deutlich über den individuellen Möglichkeiten. Das konnte nur geschehen, weil im entscheidenden Augenblick niemand geholfen, besser gesagt eingegriffen und gestört hatte und somit die Energie und die vorhandenen Potenziale ihren eigenen, überraschenden Weg finden konnten.

Wäre eingegriffen worden, wie das die Schüler sich in diesem Augenblick vor der Mauer sicher gewünscht hätten, wäre Folgendes passiert: Die Energie wäre weg bzw. zum Lehrer hin geflossen, alle hätten dankbar ihre Verantwortung abgegeben und sich von der unangenehmen Mauer abgewendet. Bestätigt in seiner Wichtigkeit und zusätzlich motiviert durch die Dankbarkeit hätte sich der Lehrer an seine Aufgabe gemacht und den Schülern Schritt für Schritt Dinge beigebracht, z.B. einen Grundrhythmus, später erste einfache Variationen, eventuell eine kleine Melodie. Und dann wäre geübt und nochmals geübt worden. Da alles natürlich sehr einfach und gleichzeitig homogen sein musste, wäre jegliche Individualität dabei verloren gegangen, ganz zu schweigen vom Spaß. Und alle wären halbwegs zufrieden, aber bestätigt in der Meinung, dass das doch ganz schön schwer ist, aus dieser Übung hinausgegangen.

In unserem Fall dagegen war es für jeden ein Schlüsselerlebnis, das klar machte, welche Möglichkeiten entstehen, wenn man bei sich selbst beginnt, scheinbare Momente der Aussichtslosigkeit aushält und auf die eigenen Potenziale vertraut. Natürlich ist auch diese Gruppe nicht in der Lage, ihr Konzert beliebig zu wiederholen, natürlich braucht es Übung. Aber sie waren erfolgreich, haben eine Vorstellung der Meisterschaft bekommen, den Spaß und die Begeisterung erlebt und das einfach so, gewissermaßen aus dem Nichts. Eine solche Erfahrung steigert nicht nur die Lust auf eine Wiederholung, es wächst vor allem auch das Selbstvertrauen, in vergleichbaren Situationen bestehen zu können.

In dieses Selbstverständnis hineinzuwachsen ist Aufgabe und Herausforderung für den Schüler. Nicht abwarten und nach dem Lehrer schielen, sondern bei sich bleiben und sich ständig fragen, was will ich, wer bin ich in diesem Kontext, wie kann ich gestalten, verändern, welche Verantwortung übernehme oder habe ich ... Nur das führt weiter!

Das Ziel ist eine realistische „Ich-kann-Grundhaltung", das heißt, sich so zu fühlen wie ein Meister, der übt. Alles Nötige ist vorhanden und jetzt gilt es, es zu entfalten. Mit „realistisch" ist gemeint, dass es z.B. wenig Sinn macht, mit 40 Jahren noch Olympiasieger im Abfahrtslauf werden zu wollen – oder vielleicht doch? Diese „Ich-kann-Grundhaltung" hat nichts mit dem eigentlichen Können zu tun. So können Sie als absoluter Anfänger bereits diese Grundhaltung haben. Sie wissen einfach, dass Sie es lernen werden und dass dabei zwangsläufig auftretende Hindernisse dazugehören und gemeistert werden.

Da ich diese Grundhaltung nicht nur in meiner Arbeit vertrete, sondern auch weitgehend bei meinen Kindern, hat das dazu geführt, dass ich, der so gerne lehrt bzw. dabei unterstützt, Probleme leicht zu lösen, Kinder habe, die mich diesbezüglich gar nicht fordern. Im Gegenteil, sie wollen alles selbständig herausfinden und lernen, sei es Fahrrad fahren, Ski fahren, Lesen usw. Ich kann nichts weiter tun, als wachsam sein und aufpassen, wann die Zeit reif ist, um dann für den entsprechenden Spielraum zu sorgen. Gerade bei Kindern ist der Zeitfaktor von großer Bedeutung. Wann sie etwas beginnen, kann von Kind zu

Kind um Jahre auseinander liegen. So ist jedes Kind zu einem bestimmten Zeitpunkt seiner Entwicklung in der Lage, das Gleichgewicht zu halten und Fahrrad zu fahren. Wann das ist, kann jedoch sehr unterschiedlich sein und kein Stützrad beschleunigt diesen Prozess.

Für mich ist es ein Wunder, ein Glück und eine Bestätigung meiner Arbeit gleichzeitig, wenn ich meinen Kindern beim Lernen von Sportarten zuschaue. Sie selbst würden das allerdings gar nicht als Lernen bezeichnen. Als ich mit meiner Tochter Lea das erste Mal Ski laufen war, fuhr sie ein paar Meter, schnallte ab und sagte: „Ich kann Ski fahren, wir können jetzt Pommes essen gehen". Das hatte ich ihr nämlich versprochen. Die ganze Strecke mit dem Auto für fünf Minuten Ski fahren! Das fiel mir nicht leicht, aber das „Ich kann es" war mir wichtiger als alles andere. Etwa drei Winter später fragte ich Lea, mittlerweile zehn Jahre alt und schon ganz gut im Ski fahren, ob sie denn Lust hätte, so Ski fahren zu können wie ich. Darauf erwiderte sie „Das kann ich schon" und sie fuhr mich nachahmend so den Hang hinunter, dass ich staunte. Als ich wieder bei ihr stand, sagte sie nur „Hast du gesehen, ich kann fahren wie du, und jetzt fahre ich wieder so, wie ich will". Später im Lift sagte sie dann noch „Weißt du Papa, ich kann deshalb so gut Ski fahren, weil ich es von dir geerbt habe!" Sie können sich mich als stolzen Vater sicher vorstellen. Entscheidend für mich ist aber die unglaubliche Geschwindigkeit, bei der mit dieser Einstellung gelernt wird. Ich möchte hier nicht über die Maßen schwärmen, aber es zieht sich konstant durch. Mein Sohn Helge (acht Jahre) machte ähnliche Fortschritte beim Tennis und entwickelte ohne jede Anweisung von mir ein solches Gespür, dass ich schon nach wenigen Stunden versuchte, seine Rückhand nachzumachen, so beherzt war diese im Vergleich zu meiner. Ich lernte von ihm, obwohl ich objektiv betrachtet viel besser spiele. Ähnliche Beispiele gibt es auch beim Musizieren, indem sich unsere Kinder die Instrumente teilweise selbst beibringen, z.B. Klavier. Auch im schulischen Lernen darf ich selten mithelfen. Zum einen, weil es kaum Probleme gibt, zum anderen, weil wir eine etwas andere Einstellung zum Begriff „Problem" haben und uns eher an die Devise „Alles zu seiner Zeit" halten.

Auf seinen inneren Lehrer hören

Diesem natürlichen Wachstumsprozess zu vertrauen und ihn zu fördern ist eine große Herausforderung für den äußeren Lehrer. Wohlmeinend versucht er immer noch zu vermitteln und zu belehren, zu schmeicheln und zu drohen, zu formen und zu biegen – kurz, mit allen Mitteln dafür zu sorgen, dass aus Hänschen ein Hans wird. Um was für ein Thema es sich auch handelt, er möchte helfen und nochmals helfen. Ob der Schüler das nun will und vor allem braucht oder nicht, spielt keine Rolle, schließlich ist Helfen grundsätzlich gut.

Dass das auf Dauer bei manchen Gegenteiliges bewirkt, wissen alle, die Lehrer selbst auch. Das Problem liegt nämlich darin, dass jeder Lehrer nur so gut sein kann, wie er seinem eigenen „inneren Lehrer" vertraut, ihn nährt und lernt, auf seine verschiedenen Ausdrucksformen zu hören.

Es geht also darum, den inneren Lehrer zu fördern statt zu warten, bis er zum „Leerer" wird, der nur noch Sätze kennt wie: „Du schaffst das nicht! Du bist unbegabt! Übe erst mal ein paar Jahre und dann vielleicht! Arbeite an dir, damit aus dir etwas wird! Du darfst jetzt nicht versagen! Tue nur, was du kannst und gehe kein Risiko ein!"

Solange unser innerer Leerer so oder so ähnlich klingt, werden wir auch im Äußeren meist nur vergleichbare Leerer. Wie können wir aus diesem entscheidenden „e" wieder ein förderndes „h" machen?

Der erste Schritt ist, zu verlernen. Man könte dies auch als einen letzten Tribut an den Leerer ansehen, geht es dabei doch auch darum, wieder leer zu werden, allerdings, ohne dass eine unangenehme Leere hinterlassen wird, sondern damit Platz für Neues geschaffen wird. Es geht um das Abwerfen, das Loslassen von Ballast.

Dazu ist Folgendes wichtig:

1. Erkennen, dass Schülersein und Lernen gewissermaßen ein natürlicher Zustand und der Leerer kein wirklicher Teil von mir ist.

2. Den Leerer erkennen und Gegenmaßnahmen ergreifen, wenn er auftritt.

3. Das Vertrauen in sich unablässig stärken.

Das ist dann wie beim Adler, der nicht fliegen wollte:

Eines Tages ging ein Bauersmann in einen Wald, um nach einem Vogel zu suchen, den er mit nach Hause nehmen konnte. Er fing einen jungen Adler, brachte ihn heim und steckte ihn in den Hühnerhof zu den Hennen, Enten und Truthühnern. Und er gab ihm Hühnerfutter zu fressen, obwohl er ein Adler war, der König der Vögel.

Nach fünf Jahren erhielt der Bauersmann den Besuch eines naturkundigen weisen Mannes. Als sie miteinander durch den Garten gingen, sagte dieser: „Dieser Vogel dort ist doch kein Huhn, das ist ein Adler!"

„Ja", sagte der Bauersmann, „das stimmt. Aber ich habe ihn zu einem Huhn erzogen. Er ist jetzt kein Adler mehr, sondern ein Huhn, auch wenn seine Flügel drei Meter breit sind."

„Das glaube ich nicht", sagte der andere. „Er ist noch immer ein Adler, denn er hat das Herz eines Adlers. Und das wird ihn hoch hinauffliegen lassen in die Lüfte."

„Nein, nein", sagte der Bauersmann, „er ist jetzt ein richtiges Huhn und wird niemals fliegen."

Darauf beschlossen sie, eine Probe zu machen. Der naturkundige Mann nahm den Adler, hob ihn in die Höhe und sagte beschwörend: „Der du ein Adler bist, der du dem Himmel gehörst und nicht dieser Erde: Breite deine Schwingen aus und fliege!"

Der Adler saß auf der hochgereckten Faust und blickte um sich. Hinter sich sah er die Hühner nach ihren Körnern picken, und da sprang er wieder zu ihnen hinunter.

Der Bauersmann sagte: „Ich habe es dir ja gesagt, er ist ein Huhn."

„Nein", sagte der andere, „er ist ein Adler. Ich versuche es morgen noch einmal."

Am anderen Tag stieg er mit dem Adler auf das Dach des Hauses, hob ihn empor und sagte: „Adler, der du ein Adler bist, breite deine Schwingen aus und fliege!"

Aber als der Adler wieder die scharrenden Hühner im Hof erblickte, sprang er abermals zu ihnen hinunter und scharrte mit ihnen.

Da sagte der Bauersmann wieder: „Ich habe es dir ja gesagt, er ist und bleibt ein Huhn."

„Nein", sagte der andere, „er ist ein Adler, und er hat noch immer das Herz eines Adlers. Lass es uns morgen noch ein einziges Mal versuchen und ich werde ihn fliegen lassen."

Am nächsten Morgen erhob er sich früh, nahm den Adler und brachte ihn hinaus aus der Stadt, weit weg von den Häusern an den Fuß eines hohen Berges. Die Sonne stieg gerade auf, sie vergoldete den Gipfel des Berges, jede Zinne erstrahlte in der Freude eines wundervollen Morgens.

Er hob den Adler hoch und sagte zu ihm: „Adler, du bist ein Adler. Du gehörst dem Himmel und nicht der Erde. Breite deine Schwingen aus und fliege!"

Der Adler blickte umher, zitterte, als erfülle ihn neues Leben – aber er flog nicht. Da ließ ihn der naturkundige Mann direkt in die Sonne schauen. Und plötzlich breitete er seine gewaltigen Flügel aus, erhob sich mit dem Schrei eines Adlers, flog höher und höher und kehrte nie wieder zurück. Er war ein Adler, obwohl er wie ein Huhn aufgezogen und gezähmt worden war.

Die Quelle ist Autor und Verlag unbekannt.

Inner Game Aktivitäten

Wie Sie aus den vorherigen Kapiteln wissen, ist unser Körper ein idealer Spiegel unseres Lebens und Arbeitens. Es liegt daher nahe, die Leichtigkeit bei etwas zu entdecken, das mit Spiel, mit Bewegung, mit Freizeit zu tun hat. Denn hier bietet sich ein ideales Experimentierfeld, um alte Einstellungen in Bezug auf schwer und leicht über Bord zu werfen, um sich beschenken zu lassen von der Dimension der eigenen Möglichkeiten, um in Fluss zu kommen, um sich auf die Spur des Meisters, der übt, zu machen.

Den in den folgenden Kapiteln näher beschriebenen Beispielen liegen Erfahrungen aus vielen Seminaren und Selbstversuchen zugrunde. Es soll und kann nicht darum gehen, umfassend über die darin liegenden Möglichkeiten zu berichten. Diese kann man nur erfahren und selbst ausprobieren. Die Beispiele können Ihnen jedoch Anregungen geben, Ihre eigenen Freizeitaktivitäten in einem anderen Licht zu betrachten oder Ihre Wahrnehmung auf Dinge zu lenken, die Ihnen bisher gar nicht aufgefallen sind.

Lassen Sie sich einfach inspirieren, nehmen Sie auf, was Sie anspricht, schmunzeln Sie, wenn Sie etwas nicht glauben, probieren Sie es selbst aus. Vielleicht werden Sie auch motiviert, eine Tätigkeit neu zu beginnen. Wie gesagt, die Beispiele sollen Ihnen lediglich Impulse geben, um selbst mit dem Erforschen zu beginnen.

„Inner Game ist da, wo's leicht ist, da geht's lang."
Ein Seminarteilnehmer

Ins Schwarze treffen – Bogenschießen

„Es ist leichter, ins Gelbe zu treffen als ins Schwarze."
Inner Game Weisheit

Erfahrungen eines Pfeils

„Unerwartet packt eine Hand zu, während die andere nach dem Bogen greift. Hektisch werde ich eingespannt – die Sehne zittert. Noch in fahriger Bewegung, versucht mich die Hand auf das Ziel auszurichten. Schnell wechselt Schlaffheit mit Anspannung – fast bis zum Zerreißen ist der Bogen gespannt, wenig mehr und ich wäre rausgefallen. Abrupt und unvorbereitet sehe ich mich schlingernd in Richtung Ziel rasen. Vergeblich warte ich auf das erlösende „Pflopp". Weit über das Ziel hinaus geschossen schlage ich schließlich auf den harten Boden, eine knirschende Spur hinter mir herziehend. Aufs Äußerste erschüttert empfinde ich tiefes Bedauern für meine nach und nach eintreffenden Brüder ...!"

So könnte ein Pfeil empfinden, wenn man nichts wahrnimmt außer dem Ziel, das man so schnell wie möglich erreichen möchte. Ein Ziel zu haben und es zu erreichen ist jedoch viel mehr. Es ist ein Herantasten, ein Herausfinden dessen, worauf es ankommt, es ist ein Einfühlen und Abwarten. Voraussetzung ist natürlich, dass man ein Ziel hat, was beim Bogenschießen sehr einfach zu sein scheint, steht es doch in bunten, kreisrunden Farben vor einem. Bogenschießen eignet sich ideal dazu, um sich mit Fragen zu beschäftigen, die mit dem Erreichen eines klar definierten Zieles zusammenhängen. Worauf kommt es besonders an? Was bringt mich hin zum Ziel, was lenkt mich ab? Wie stark muss ich mich aufs Ziel konzentrieren? Muss ich das überhaupt? Welche Spannung ist erforderlich und wann ist der ideale Zeitpunkt zum Loslassen? Diese und viele weitere Fragen führen zu entsprechenden Erkenntnissen, wobei Ihrer Fantasie im Fragen stellen keine Grenzen gesetzt sind.

Dabei geht es bei weitem nicht allein um das Ergebnis, sondern um den Weg, der zum Ergebnis führt. Dazu gehört:

Die Vorbereitung: Wie bereite ich mich vor?

Einsatz: Was möchte ich einsetzen? Welche und wie viele Pfeile habe ich im Köcher?

Der Standpunkt: Wo ist mein Standpunkt und welche Grundhaltung habe ich?

Die Spannung: In welchem Verhältnis steht meine (An-)Spannung zur Anforderung und zum gewünschten Ergebnis? Wie viel Spannung benötige ich?

Das Zielen: Worauf richtet sich meine Konzentration und wie zielgerichtet gehe ich vor?

Das Loslassen: Wann ist der optimale Zeitpunkt? Ist es meine Entscheidung, Erschöpfung oder Zufall?

Das Treffen: Welches Ergebnis erziele ich und wie gehe ich damit um?

Die Nachbereitung: Wie lange lasse ich nachwirken, bevor ich mich dem nächsten Pfeil – der nächsten Aufgabe – zuwende?

Aus einem auf den ersten Blick einfachen Vorgang wie dem Bogenschießen wird ein aussagekräftiger Spiegel für eine Reihe von Themen. Voraussetzung dafür ist eine intuitive Herangehensweise an das Bogenschießen, um sich nicht von äußeren Begebenheiten ablenken zu lassen. Das beginnt damit, dass man sich mit offenen Augen dem Ziel zuwendet und nicht dem Drang folgt, einäugig nach einer nicht vorhandenen Kimme zu blinzeln, um das Ziel aufs Korn zu nehmen. Diese durchaus gängige Form des Schießens soll hier nicht abgewertet werden. Es ist nur ein völlig anderer Ansatz, denn dort wird Sicherheit durch Fixierung gesucht und geübt. Beim Inner Game geht es dagegen um das

Entwickeln eines Gefühls für den richtigen Moment, um das Erlangen des Vertrauens, auch ohne letzte Sicherheit zu treffen, und schließlich darum, dass Erfolg sich nicht vermeiden lässt, wenn man sich voll und ganz auf sein Ziel einlässt. Und gerade beim Bogenschießen ist das Ziel eindeutig zu erkennen und allein das Vorhandensein dieser farbigen Scheibe zieht Ihre Pfeile in die richtige Richtung. Bewusstes Zielen wird überflüssig, das Nachdenken über das Wie, Wohin und Wann ebenso. Ihr Körper kann beginnen, zu lernen und zu erforschen, und Sie können beginnen, dabei überraschende Erfahrungen zu machen.

Die erste Erfahrung ist häufig die, dass man es nicht für möglich hält, ohne zu zielen zu treffen, und es daher gar nicht leicht fällt, beide Augen offen zu halten. Wenn mehr und mehr getroffen wird, ohne zu zielen, drängt sich die Frage auf, ob wir im Leben nicht vielleicht allzu viel zielen und dabei zu wenig mit offenen Augen aufs Ziel selbst schauen.

Auch die Beschäftigung mit der Frage „Wie stehe ich eigentlich zum Ziel? Wie ist mein Standpunkt?" führt zu Erkenntnissen. So behindert die frontale Zuwendung nicht nur das Spannen, das Ausholen, das Kraft entwickeln, es macht auch starr und undurchlässig. Die eindeutige Hinwendung zum Ziel und gleichzeitige Durchlässigkeit für das, was aus dem Hintergrund kommt, man könnte es Erfahrung oder Vergangenheit nennen, erhöht die Durchschlagskraft erheblich. Eine leichte Drehung des Oberkörpers genügt, und man steht sich selbst nicht mehr im Weg. Die Kraft, die im Bogen steckt und durch das Auseinanderziehen Ihrer Arme, das Öffnen Ihres Brustkorbes entfaltet wird, hat freie Bahn.

Es folgt der Moment des Loslassens und schnell wird deutlich, dass das auch beim Bogenschießen etwas Besonderes ist. Ist man zu schnell, fehlt möglicherweise die Ruhe, wartet man zu lange, beginnt der Arm zu zittern. Absolute Sicherheit existiert nicht. Wann also ist der richtige Moment? Interessant ist auch, dass sich die Energie, die man aufbringt, erst nach dem Loslassen entfaltet.

Diese und noch viele andere Aspekte im gesamten Bewegungsablauf des Bogenschießens bergen vielfältige Erkenntnismöglichkeiten. Und aus einer reinen Ergebnisfixierung – gut oder schlecht getroffen – wird ein ganzheitlicher Lernprozess. Das Ziel selbst tritt in den Hintergrund. Der Weg wird zum Ziel und der Schütze zu einem Teil des Ganzen. Derart behandelt könnten die Empfindungen aus Sicht eines Pfeils dann so aussehen:

Sorgfältig ausgewählt fühle ich mich von einer Hand gewogen. Deutlich spüre ich den Respekt, der mir entgegengebracht wird – entsprungen dem Wissen, dass wir nur gemeinsam das Ziel erreichen können. Erforschend auch die andere Hand, die sich voller Gefühl in die schön geformte Mulde des Bogens legt. Angenehm, wie wir uns begegnen; die Hände des Menschen, der Bogen und ich – jeder für sich und Einheit zugleich. Langsam verwandelt sich die heitere Gelassenheit in eine entspannte Konzentration. Das leise Klicken beim Einrasten der Sehne lässt unsere schlummernden Kräfte ahnen. Langsam, aber sicher entfalten sie sich, ausgehend von der Erde, den Wurzeln, über den Körper nach oben bis in das Denken, das jetzt eher einer weit ausgedehnten, aber gleichzeitig zielgerichteten Wahrnehmung gleicht. Wir alle werden zum Träger einer sich verbindenden Kraft, die – groß genug – beginnt, das Ziel mit einzubeziehen. Wunderlich prickelnd diese allmähliche Einigkeit in der Richtung. Stetig beginnt sich die Spannung zu erhöhen, scheinbar im Widerspruch zur äußeren Gelassenheit. Das Ziel gewinnt an Bedeutung, unmerklich, aber konstant dehnt sich unsere Energie aus. Es folgen Momente des Innehaltens, des kurzen Genießens in dem Bewusstsein, diese Energie nicht beliebig ausdehnen zu können.

Da – der Augenblick der Entscheidung, des Loslassens. Aller Schwerkraft enthoben, sause ich mit der zitternden Leichtigkeit eines Kolibris und der Entschlossenheit eines Adlers unserem Ziel entgegen. Und noch im Flug blitzt mir durch den Kopf: „Der treffende Pfeil braucht die zielende Kraft des Loslassens – im richtigen Moment". Und beim Auftreffen weiß ich wieder, wie schön es ist, in den Händen eines Wissenden zu sein ...

„Rettet das Ziel, schießt daneben."
Ein Seminarteilnehmer

Was soll zurückkommen? – Bumerang

Bumerangs – fast jeder kennt sie aus der Kindheit oder als magisch anmutende Jagdwaffe der australischen Ureinwohner. Kaum einer glaubt, dass sie wirklich zurückkommen. So schaute einmal ein Seminarteilnehmer gebannt dem von ihm geworfenen Bumerang nach. Dieser drehte sich in einer herrlichen Kreisbahn. Als er zielgenau wieder auf ihn zukam, gingen alle anderen ein paar Schritte zur Seite, nur er nicht. Als er sich dann verdutzt die Stelle rieb, an der ihn der Bumerang getroffen hatte, fragte jemand, warum er denn nicht zur Seite gegangen sei. Darauf sagte er: „Ich hätte es nie für möglich gehalten, dass der Bumerang zurückkommt." Noch einige Zeit danach dachte er mit dem Bumerang auf seinem Schoß über dieses Erlebnis nach.

Was kann es bedeuten, wenn eindeutig sichtbare Auswirkungen einfach ignoriert werden? Dies zu beantworten und zu interpretieren bleibt jedem selbst überlassen, denn die Tatsache als solche und das Erlebte sind für den Werfer des Bumerangs ausdrucksstark genug und stehen meist in direkter Beziehung zu dessen aktuellem Thema.

Beim Werfen eines Bumerangs genauso wie z.B. beim Durchführen eines Teamprojektes kommt es auf

- das Potenzial,

- die Umgebung,

- den Einzelnen an.

Potenzial bezeichnet das, was vorhanden ist, was in einem Bumerang drin steckt, welche Anlagen er hat. Man kann zwar in einem gewissen Rahmen daran feilen oder ihn verbiegen. Ein Zuviel führt jedoch zum Scheitern. Im übertragenen Sinne gilt Ähnliches: Man sollte sich klar werden über vorhandene Potenziale, bei sich, bei anderen, bei Zielen usw. Werden diese falsch eingeschätzt oder überschätzt, folgt zwangsläufig ein Absturz.

Die Umgebung bedingt beim Bumerangwerfen den Standpunkt und die Richtung. Genügend Platz, ein fester Stand, die Windrichtung sind Faktoren, die zu Erfolg und Misserfolg beitragen. Interessant ist, dass der Bumerang sein Potenzial nur entfaltet, wenn er gegen den Wind geworfen wird. Er braucht Widerstand, um zeigen zu können, was in ihm steckt. Einmal gewohnt, in eine bestimmte Richtung zu werfen, passiert es öfter, dass sich Gruppen nicht mitdrehen, wenn der Wind dreht. Statt sich zu drehen, sich also der Umgebung anzupassen, wenden sie alle möglichen Techniken an, um den zwangsläufigen Misserfolg zu vermeiden. Bis schließlich einer merkt, der Wind hat gedreht. Eine sich ständig verändernde Umgebung begleitet uns auch im Alltag. Nichts ist sicher außer dem Wandel, den wahrzunehmen einen der Bumerang lehren kann.

Am Potenzial können Sie nicht viel ändern, und auch das Umgestalten der Umgebung liegt meist nicht im Bereich der Möglichkeiten. Was daher am leichtesten zu verändern ist, sind Sie selbst. Sie können Potenziale fördern, indem Sie sie erkennen und entsprechend behandeln. Sie können Ihren Standpunkt oder Ihre Richtung ändern, den Einsatz und die Kraft dosieren und auf Feedback reagieren. Was geschieht, wie das Ergebnis aussieht, hängt also hauptsächlich von Ihnen ab. Das Besondere daran ist, dass der von Ihnen geworfene Bumerang völlig emotionslos Ihr „Verhalten" spiegelt, indem er entweder zurückkommt oder eben nicht. Er hat keinerlei Interesse, Ihnen etwas „recht" zu machen!

Kurzgeschichte der Bumerangs

Das Wurfholz, ein leicht gekrümmter, etwas zugespitzter Stock mit naturgegebenem, kreisrunden Querschnitt ist eine der ältesten von Menschen entwickelten Waffen. Funde bzw. Zeichnungen davon finden sich an vielen Plätzen der Welt. Anders als die zurückkehrenden Bumerangs fliegen diese Wurfhölzer geradeaus und kommen nicht zurück.

Die zurückkehrenden Bumerangs, die die eigentliche Faszination ausstrahlen, wurden nie als Waffe eingesetzt. Sie wurden entweder von Schamanen und Medizinmännern als rituelles Instrument verwendet, beispielsweise als Symbol für die Wiederkehr aus dem Jenseits oder aber zum Befragen über einzuschlagende Wege als Orakel. So symbolisiert die kreisförmige Flugbahn des Bumerangs bei dem australischen Ngadjuristamm den Lauf der Sonne. Aber auch als Geschicklichkeitsspiel dienten Bumerangs jungen und alten Menschen.

Was soll zurückkommen, kommt überhaupt etwas zurück, wer oder was ist dafür zuständig, verantwortlich, kompetent? Solche und ähnliche Fragen könnten in den Köpfen herumgehen, wenn sie, den Blick zum Himmel gerichtet, diesen gebogenen, sich um sich selbst drehenden Hölzern nachschauen.

Bumerangs umgibt schon immer die Aura des Geheimnisvollen. Eine Vielfalt von Formen macht die Auswahl interessant. Vielleicht könnte man sogar sagen: „Jeder wählt den Bumerang, der ihm zu den meisten Erkenntnissen verhilft!"

„Wie kannst du dich als Mensch nur so ernst nehmen, wenn es dir nicht einmal gelingt, ein Stück Holz wegzuwerfen!"
Sprichwort der Aborigines

Ein Leben mit Handicap – Golf

Ein Handicap ist etwas, das behindert, erkennbar daran, dass es manche haben und andere nicht. So haben alle Menschen das Handicap, nicht ohne Hilfsmittel fliegen zu können. Das stört aber niemand.

Handicaps begegnen jedem von uns im Laufe unseres Lebens. Manche davon, z.B. durch Krankheiten oder Unfälle ausgelöst, sind sicherlich für den Einzelnen schlimmer als die altersbedingten Handicaps. Sie werden häufig zu sehr in den Mittelpunkt gerückt, statt sie als (neuen) Bestandteil des eigenen Lebens anzunehmen und sich auf die vorhandenen Potenziale zu konzentrieren. Nur führt das dazu, dass man die negative Auswirkung seines Handicaps noch verstärkt.

Golf bietet bezüglich der Handicaps ein gleichzeitig lustiges wie paradoxes Beispiel. Wenn man beginnt, hat man kein Handicap, möchte aber eines bekommen. Das gelingt nach einiger Übung auch und man startet mit dem Handicap 36. Im Laufe seines Golflebens strebt man ständig nach der Verringerung des Handicaps, im Bewusstsein, es nie wieder loszuwerden. Paradox ist, wie stolz manche Golfer von ihrem Handicap erzählen.

Die Geschichte von einem, der auszog, das „Spiel des Lebens" zu lernen.

Lange hatte ich mir überlegt, ob ich damit überhaupt anfangen soll. Denn es hat mich gleichermaßen angezogen wie abgeschreckt, dass immer, wenn ein paar Golfer zusammentrafen, sich das Gespräch in kürzester Zeit um Golf drehte. Angezogen hat mich die Faszination, die von diesem kleinen Ball ausgeht und wildfremde Menschen im Nu zu einem verschworenen Kreis macht, der sogar über eine eigene Sprache verfügt. Abgeschreckt hat mich das Gleiche!

Es dauerte dann noch etwas, bis ich selbst herausfand, was diese Faszination ausmacht. Denn die Zweifel, ob ich mich tat-

sächlich auf etwas einlassen soll, das die Menschen so in Bann schlägt, dass sie auf Außenstehende manchmal wie Verrückte wirken, waren sehr stark. In meinem Bekanntenkreis konnte ich immer wieder beobachten, dass sie den, der einmal damit anfängt, nicht mehr loslassen, die Greens und Puts und was es da alles so gibt. Der Hauptgrund für mein Warten war allerdings, dass ich unbedingt bei einem Inner Game Lehrer lernen wollte, und die sind noch nicht sehr zahlreich.

Eines Tages war es dann soweit. Ich wagte das Abenteuer, der Trainer war da, das Wetter war gut und ich war aufgeregt, wie das so ist beim ersten Mal. Frisch gewandet, schwer beladen mit Eisen (den Schlägern), dafür aber ganz ohne Handicap schlenderte ich mit den anderen Anfängern, Beginnern, wie das im Inner Game heißt, über einen Rasen, wie ich ihn mir in meinem Garten schon lange wünsche. Unser Golflehrer wollte weder Pro noch Contra genannt werden (Golflehrer nennen sich Pro, weil sie für Golf sind!). Er nannte sich Spielraumgestalter und hieß Kai.

Kai ließ uns unsere Schläger weglegen und einen Golfball nehmen. Und während wir mit dem Ball in unseren Händen spielten, kamen wir in ein lockeres Gespräch darüber, was wohl alles in diesem kleinen weißen Ball stecken könnte und was wir darüber schon gehört hatten. Den anderen ging es wie mir. Die Bandbreite reichte vom größten Glücksgefühl über Abenteuer, Spaß und Freude bis zu Verzweiflung, Frust, Resignation und Selbstzweifeln, ganz wie im Leben. Allein aus der Zusammenfassung dessen, was wir bisher gehört hatten, zeigte sich schon die Dimension dieses Spiels, das nicht umsonst „Spiel des Lebens" genannt wird. Kai ergänzte noch einige der Aspekte, die Golf so einzigartig machen. So ist es anders als bei anderen Sportarten sehr schwierig, sich selbst etwas vorzumachen oder äußeren Umständen die Schuld zu geben. Weder ein Mitspieler, besser gesagt ein weiterer Einzelspieler, noch das Material oder das Wetter sind wirkliche Einflussfaktoren. Man spielt mit sich selbst, was bei vielen zu einem gegen sich selbst wird. Kai meint, dass in keiner Sportart das Wechselspiel von innerem und äußerem Spiel so nahe beieinander liegt und sich so schnell gegenseitig beeinflusst. Dabei bleibt es immer das eigene Spiel. Es gibt keinen Gegner außer dem in uns, und den kann man genauso gut zum Freund haben und schon fliegt der Ball ganz anders. Das Einmalige am Golf ist der einmalige Schlag: Ein Schlag und der Ball ist weg. Entweder man trifft oder man trifft nicht. Korrekturmöglichkeiten hat man nicht. Ein zögerliches Herantasten an den Ball gibt es nicht. Entweder oder, die Entscheidung muss man immer wieder fällen. Jeder Kompromiss wird bestraft. Du bist Meister oder gar nichts. Mittelmaß gibt es nicht und jeder weiß es. Schlage oder lasse es sein! Gib alles, was du hast und was du bist, oder scheitere im Zweifeln. Es gibt kein Versuchen, nur Tun. Ein super gespieltes Loch wird durch ein schlecht gespieltes zum Durchschnitt. Jeder Schlag ist einmalig und alle hängen zusammen. Anders als in anderen Sportarten, in welchen Ärger durchaus Kräfte mobilisieren kann, führt das beim Golf zum Gegenteil. Etwas Besonderes ist auch, dass die kleinste Veränderung eine große Auswirkung hat. Das alles ist wie im Leben, es erfordert Mut, es löst Ängste aus, es ist kompromisslos und es entzieht sich dem reinen kontrollierten Verstand, dem man sonst im Leben und Arbeiten so große Bedeutung gibt. Und gerade deshalb ist Golf so aufregend, so belebend, so herausfordernd.*

Kai redete sich immer mehr in Begeisterung, verband Golf nicht nur mit dem Leben, mit dem, was in uns und außerhalb von uns ist. Er sprach über Golf und Philosophie, mischte etwas Psychologie hinein und erzählte strahlend von spirituellen Erleuchtungsmomenten. Wo war ich hier nur gelandet? Ich und die anderen hatten in der Zwischenzeit immer wieder ehrfürchtige Blicke auf unseren Ball geworfen. Sollte all das in diesem kleinen Ball stecken? Als Kai unsere zweifelnden Blicke sah, beendete er mit einem ebenso ermutigenden wie strahlenden Lächeln seine Rede und meinte, dass die Zeit jetzt reif wäre für die ersten Schläge.

Während wir langsam zur Driving Range schlenderten, sagte er, dass Golf ganz leicht sei, vor allem die guten Schläge, das seien die leichtesten. Schwer sei lediglich die konstante Wiederholung des Leichten, wie wir es vom Leben ja kennen würden. Scheinbar redet man beim Golf nicht nur in Fremdwörtern, sondern auch in Rätseln, ging mir dabei durch den Kopf. Kai meinte, es sei Ball und Schläger ganz egal, wie wir schlagen, und ihm als Lehrer übrigens auch. Das ist Contra, dachte ich, ich hätte doch besser zu einem Pro gehen sollen!

Während Kai sich einen Schläger nahm und sich locker zum Schlag aufstellte, sagte er zu uns, dass wir jetzt herausfinden, was einen Schlag eigentlich ausmacht. Wir sollten ihm einfach bei ein paar Schlägen zuschauen, es dann selbst versuchen und uns dabei gegenseitig beobachten. Und so ging jeder zu seinem „ersten Mal". Ich fand das In-die-Luft-schlagen sehr beeindruckend, und geradezu begeistert war ich, als ich zum ersten Mal dieses kurze Klack hörte, dem ein herrlicher Flug folgte.

Da wir keinerlei technische Anweisungen bekamen, probierte es jeder auf seine Art. Danach tauschten wir unsere Erfahrungen aus, gefolgt von ein paar weiteren Schlägen von Kai, die wir ebenfalls kommentieren sollten. Dabei fiel dem einen die Fußstellung auf, dem anderen die Handhaltung, dem nächsten die Blickrichtung. Einer fragte, wieso Golfer immer so komische Kniebewegungen machen, und so gingen wir mit immer neuen Eindrücken in die folgenden Runden. Jeder probierte dabei etwas anderes aus und veränderte da und dort etwas. Und wenn es auch nur Kleinigkeiten waren, so erhöhte sich die Trefferquote doch deutlich. Auf diese Weise – Kai beobachten, Austausch, Ausprobieren, Austausch usw. – machten wir noch einige Runden und als alle einmal erlebt hatten, wie es ist, wenn der Ball nach dem Abschlag wie von unsichtbarer Hand gezogen sich selbst beschleunigend davonsaust, sagte Kai: „Das ist Golf und ab jetzt geht es darum, diesem Gefühl auf der Spur zu bleiben."

Er forderte uns auf, uns einmal umzusehen und die anderen Golfer auf der Driving Ranch zu beobachten, wie nahe sie un-

serer Meinung an dem ihnen eigenen Schlag wären. Was wir mit unseren Laienaugen sahen, war verblüffend: Jeder machte es anders, im Bemühen, eine bestimmte Form zu finden. Die meisten waren mehr verkrampft als entspannt und von Genuss und Freude war nicht viel zu sehen. Das, worauf wir die ganze Zeit geachtet hatten, nämlich Antworten auf die Frage „Was macht es mir leicht?" zu finden, schien dort eher zu lauten „Warum ist das nur so schwer?" oder „Was muss ich tun, damit ich besser treffe?". Wenig Wohlwollen sich und dem eigenen Körper gegenüber, kaum Akzeptanz der eigenen körperlichen Befindlichkeit und Beweglichkeit, lediglich Ungeduld, Ärger und Frustration waren zu erkennen. Es sah auch nicht schön aus. Kai bemerkte mitleidig: „Sie spielen, wie sie arbeiten, mit Verbissenheit und äußerster Anstrengung, als sei es ein Kampf. Nur kämpfen sie hier nicht gegen einen Feind, sondern gegen sich selbst."

Ziel ist es allerdings, und das weiß mehr oder weniger bewusst jeder, der Golf spielt, in Fluss zu kommen, den inneren mit dem äußeren Schwung zu verbinden, sich an Grenzen heranzuwagen und loszulassen. Die richtige Technik, der natürliche Schwung folgen dann von selbst. Die Frage ist lediglich, wie man dahin kommt. Kai meinte, indem man einen Schwung in seine Einzelteile zerlegt, bestimmt nicht. Es ist nicht nötig zu wissen, wie es geht, sondern seinem Körper nach und nach zu erlauben, sich diesem natürlichen Schwung anzunähern. Denn wenn Sie einen Könner beobachten, werden Sie merken, dass es leicht ist, dass nichts stockt oder zögert, dass sich Kräfte aufbauen und an einem bestimmten Punkt schwungvoll entladen. Und das kann jeder von uns, wenn auch nicht von heute auf morgen, da unser Körper diesen Schwung erst entdecken muss. Beim Inner Game kommt dieser Schwung von innen, vom Spieler selbst und nicht von außen in Form von Technik oder Anleitung.

„Schauen Sie in sich, dort werden Sie Ihren Schlag finden und nicht beim Trainer oder bei anderen. Und alles, was Sie ab sofort beim Golf erleben werden, alles hat unmittelbar mit

Ihnen und Ihrem Leben zu tun. Denn so, wie Sie beim Spazieren über die Hügel des Golfplatzes Höhen und Tiefen überwinden, wird auch Ihr Golfspiel Sie zu Höhen und Tiefen führen. Sie und Ihr Ball werden nass werden, sich Widerständen ausgesetzt sehen. Alles ist wie im Leben, in dem wir ohne unsere Tiefs die Höhen gar nicht richtig zu genießen wüssten. Wenn es Ihnen gelingt, das anzunehmen und in Ihr Golfspiel mit einzubeziehen, werden Sie Ihr Leben auf vielfältige Weise erforschen können."

Damit verabschiedete sich Kai und ging zu ein paar Herren, die bereits auf ihn warteten. Vorstände einer Bank mit Handicap, wie Kai uns sagte, die beim Golfen Erkenntnisse über ihren Führungsstil gewinnen wollten. Offenbar ist Golf nicht nur ein Lebensspiel, sondern auch ein Arbeitsspiel!

„Nutze die Chance oder warte auf die nächste!"
Inner Game Weisheit

Ich krieg die Kurve – Ski fahren

Nach einem längeren Marsch in Dunkelheit und Kälte stehe ich auf dem Gipfel eines schneebedeckten Berges. Der Berg gegenüber erstrahlt im ersten Sonnenlicht. Lebendige Stille und unberührter Schnee umgeben mich. Leicht und luftig, diese weiße Form des Wassers. In der aufgehenden Sonne spüre ich ein angenehmes Kribbeln, das sich langsam im ganzen Körper ausbreitet. In meiner Wahrnehmung dehne ich mich durch die Füße nach unten aus, durch den tiefen Schnee hindurch bis zum Felsen, auf dem ich stehe. Und weiter breitet sich meine gerichtete Aufmerksamkeit wie Wurzeln aus. Ich fühle mich sicher getragen und eins mit der Natur in diesem erhabenen Augenblick. Die Sonne erreicht mich und irgend etwas beginnt zu leben, winzige Kristalle glitzern im Licht. Ich spüre, dass der Moment gekommen ist und stelle mich darauf ein, alles loszulassen, mich ganz meinem Körper und dem Schnee hinzugeben. Wie eine Katze vor dem Sprung befinde ich mich in einem Zustand der entspannten Konzentration. Ich bin weich und gespannt gleichermaßen.

Ich beginne zu gleiten, erst langsam, dann immer schneller, und schon ist sie da, diese vertraute Sicherheit, diese Geborgenheit. Im permanenten Wechsel zwischen Geben und Nehmen, zwischen Auf und Ab verbindet sich mein Rhythmus mit dem der Natur. Unsichtbare Ski unter der Schneedecke, angenehmer Widerstand an meinen Beinen, frische Luft im Gesicht. Ich bin der Erste, der durch diese luftige und doch tragende Schneedecke fährt. Glücksgefühle tauchen auf und entlocken mir laute Juchzer. Das ist Fließen, Loslassen, Harmonie, Kraft. Eine weiße Staubwolke hinterlassend verschwinde ich hinter dem nächsten Hügel.

Dieses Gefühl ist es, was das Skifahren ausmacht, egal ob in unberührter Natur in der Morgendämmerung oder auf der Piste. Dieses Gefühl des Flow zu erleben ist in den heutigen Ski-Paradiesen mit ihren Bretterschlachten selten geworden. Skifahren ist zu einer Tätigkeit geworden, die auf eine ganz bestimmte Art und Weise auszuführen ist. Es muss gut aussehen, von Sich-gut-anfühlen spricht keiner. Skilehrer sorgen dafür, dass der Schüler es so macht, wie der aktuelle Lehrplan es gerade für richtig hält.

So ist das, so wird es weitergetragen und so kommt es, dass in einem Inner Game Skiseminar erst einmal mit unzutreffenden, aber um so hartnäckigeren Einstellungen und Vorstellungen aufgeräumt werden muss. Dazu gehören z.B.:

- Ski fahren ist schwer.

- Ski fahren lernen dauert so und so lange.

- Gut fühlen darf ich mich erst, wenn ich es richtig gut kann.

Beim Inner Game Skifahren geht es vom ersten Augenblick an darum, Flow-Erlebnisse zu haben. Neben einer entsprechenden mentalen Vorbereitung beginnen deshalb auch Beginner gleich mit dem Wedeln. Denn abgesehen davon, dass das die leichteste Form des Skifahrens ist, ist es Unsinn, umständliche und körperfeindliche Dinge wie Ausstemmen u.Ä. zu lernen, die man später sowieso wieder verlernen muss. Überhaupt ist das Erlernen vieler Techniken ein veralteter Mythos, der die Skilehrerzunft ernährt. Denn deren Vorgaben behindern oft das Lernen weit mehr, als es zu fördern. Und dass man trotz Skilehrer lernt, liegt schlicht daran, dass unser Körper allein durch das Tun lernt und gerne nachahmt. Skilehrer können zwar nicht gut lehren, aber Ski fahren können sie in der Regel. Skilehrer, die beides können, merken natürlich, dass sie damit nicht gemeint sind!

Da aufgrund der genannten Konditionierungen natürlich auch der Inner Game Beginner große Zweifel daran hat, dass er schnell und leicht lernen kann und dass es vom ersten Moment an Spaß machen darf, beschäftigen wir uns mit verschiedenen Fragestellungen. Auf einem Ski fahrend – denn da besteht schon keine Gefahr, dass die Ski sich verheddern – spielen wir mit dem Thema Balance. Wann fühle ich mich sicher, was löst Unsicherheit aus, z.B. das Rutschen, wie reagiert mein Körper im Moment der Unsicherheit und wohin führt diese Reaktion?

Spielerisch und auf einem Ski, begleitet von so manchem Gelächter, findet jeder für sich interessante Aspekte zu dem Thema heraus. Das Finden der inneren Balance hängt dabei eng mit der äußeren Balance zusammen. Wie gehe ich mit so genannten Ausrutschern um? Woher bekomme ich Sicherheit im Gleiten?

Zwangsläufig kommt man relativ bald zu einem weiteren äußerst spannenden Aspekt des Skifahrens, vielleicht dem spannendsten überhaupt. Man findet sich in der Situation, mit zwei Skiern ein Stück gefahren zu sein und sich dem seitlichen Pistenrand zu nähern. Jetzt hilft nur noch eines, man muss die Kurve kriegen.

Schnell findet man jemand, der jede Menge Kurven mitbringt. Lauter Kurven, die einem helfen, das Offensichtliche zu vermeiden, die man auch mit Angst fahren kann. Diese Kurven sind allerdings sehr anstrengend, kosten Kraft, Muskeln und Sehnen werden stark beansprucht, Knie verbiegen sich in unnatürlicher Stellung. Aber es sind anerkannte Kurven mit kleinen Unterschieden von Land zu Land. Immer neue, immer modernere Kurven werden erfunden, ausführlich beschrieben und dankbar angenommen.

Vor einiger Zeit schaute ich einem Skilehrer beim Carvingunterricht zu. Seminarteilnehmer von mir hatten ihn für zwei Stunden zusammen mit den dazugehörigen Skiern engagiert, weil sie trotz der Erfahrungen mit Inner Game der Ansicht waren, dass er wisse, wie es geht. Auch ich hatte mir zum ersten Mal Carvingski geliehen und für mich alleine damit herumprobiert. Es machte in der Tat sehr viel Spaß und nach kurzer Zeit hatte ich den Dreh raus. Als ich dann mal kurz bei meiner Gruppe vorbeischaute, passierte Folgendes: Nachdem der Carvinglehrer mitbekam, dass ich ein „Kollege" war, sagte er, ich solle gehen und ihm nicht sein Wissen abschauen. Ich konnte ein Lachen nicht unterdrücken und weg war ich. Aber ich war doch so lange stehen geblieben, dass ich einiges mitbekommen hatte. Und prompt funktionierte nichts mehr bei mir. Das war wie bei dem Tausendfüßler, der, gefragt, wie er es mache, dass er seine vielen Beine nicht durcheinander bekommt, plötzlich anfing zu stolpern. Auch ich dachte an die Worte des Carving-Skilehrers und kam mit meinen Bewegungen völlig durcheinander. Ich brauchte fast eine Stunde, um wieder meinen Stil zu finden. Noch länger dauerte es, bis ich am Nachmittag meiner völlig verunsicherten Gruppe wieder ein Gefühl für ihren Körper vermitteln konnte. Ich hatte den Eindruck, dass da lauter Köpfe fahren, die direkt auf die Ski geschnallt sind. Nebenbei: Der Schlüssel zum Carving ist Hingabe, die Voraussetzung dazu Vertrauen. Man kommt nur dann dahin, wenn man bereit ist, sich in die Kurven zu legen.

Jetzt möchte ich aber die Kurve kriegen und zu den Kurven zurückkommen. Alle Kurventechniken, die man Anfängern zumutet, sind Vermeidungstechniken. Es wird vermieden zuzugeben, dass man einfach Angst hat. Dabei geht es genau darum, diese Angst nicht zu vermeiden, sondern sie kennen zu lernen. Dazu muss man sie an sich heranlassen, sie annehmen, sie gerne haben und beginnen, mit ihr zu spielen. Schnell findet man heraus, dass es die Angst vor dem Tal, vor dem Fallen und davor ist, dass einem alles entgleitet und man keine Kontrolle mehr hat. Ein Seminarteilnehmer meinte sogar, sie erinnere ihn an die Angst vor dem ewigen Nichts, vor dem Tod. Und diese ganze Angst konzentriert sich auf einen einzigen, winzigen Augenblick, jenen, wenn man frontal zum Tal steht, einen Moment lang direkt ins Tal schaut und nicht mehr zurück, aber auch noch nicht nach vorn kann.

Mehr oder weniger dramatisch, meistens aber unbewusst lösen Kurven diese Gefühle und Ängste aus. Ein Pflugbogen, bei dem die Skispitzen zusammen, die Skienden weit auseinander sind, ermöglicht es, sich langsam an diesen Moment heran zu tasten, ihn so lange wie möglich zu vermeiden und sich anzuspannen. Aber irgendwann muss man sich überwinden, um sich, kaum ist sie herum, schon wieder der nächsten dieser unangenehmen Kurven gegenüber zu sehen.

Mit diesem Thema beschäftigen wir uns auf verschiedene Weise, allerdings nicht mit unnatürlichen Körperverrenkungen oder angespannten Schultern und Gesichtsmuskeln. Und für manche sind allein das Akzeptieren, dass es diesen Moment der Angst gibt, und die Frage, ob ich mich ihm mit Lust hingebe oder mit Kraft und Gewalt dagegen stemme, schon die Lösung. Es löst sich etwas und auch hier ist Loslassen der Schlüssel. Erst dieses Loslassen gibt dem Körper die Geschmeidigkeit, die er zum schnellen Lernen braucht. Der Schritt zum Wedeln, dem Flow beim Skifahren, ist dann nicht mehr weit. Es geschieht von selbst, weil es eine der schönsten und offensten Formen ist, sich auf Skiern mit der Natur zu verbinden. Mit weniger sollten Sie sich nicht begnügen!

„Wer die Kurve kriegt, kriegt die Kurve leicht!"
Inner Game Weisheit

Sicherheit in der Unsicherheit – Seiltanzen

Ist über ein Drahtseil zu gehen, wenn man es noch nie gemacht hat, ein so großer Drahtseilakt, dass man den Drahtseilakt lieber gleich sein lässt? Erst vor kurzem hatte ich die Gelegenheit, das zusammen mit einigen Kollegen im Rahmen eines Workshops auszuprobieren. Bis dahin war ein Drahtseil eben ein Drahtseil, über das Leute hauptsächlich im Zirkus gehen. Sie laufen hin und her, wackeln dazwischen ein bisschen und machen, anders als viele andere Artisten, meistens recht ernste Gesichter. Und weil das ganze ein Akt ist, heißt es dann eben auch Drahtseilakt.

Heute weiß ich, dass sie deshalb so ernst schauen, weil sie damit zeigen möchten, wie schwer es ist. Aber es ist ganz leicht! Viel leichter, als wir angenommen hatten, vorausgesetzt natürlich, man hält die Balance. So lautete das Motto unserer Zusammenkunft auch „Sicherheit aus dem Spiel mit Unsicherheit".

Da der Kollege, der dieses Medium nutzt, uns trotz seines Wissens nicht sagte, wie es geht, weil er uns damit jede Freude genommen hätte, begannen wir, uns auf ganz normale Weise an diesen Drahtseilakt heranzuwagen. Nacheinander stiegen wir auf die kleine Plattform und jeder lief auf seine Weise los. Dieses Gefühl, das erste Mal auf dem Drahtseil, ich spüre es noch jetzt an meinen Fußsohlen. Vorsichtig setzt man den ersten Fuß auf, wartet einen Moment und dann der entscheidende Schritt, der zweite Fuß folgt, noch ein Schritt, manchmal auch zwei – und dann ist man wieder unten. Aha, dachten wir und stellten uns wieder hinten an. So folgte ein Aha dem anderen und nach einigen Durchgängen setzten wir uns zusammen und redeten darüber. Dabei kamen Aussagen wie zum Beispiel:

- Ich hätte nie gedacht, dass man so weit kommt.

- Spannend ist, dass man, wenn man aus der Balance kommt, wieder reinkommen kann.

- Zu starke und hektische Ausgleichsbewegungen bringen einen aus der Balance.

- Faszinierend, wie der Körper die Schwankungen des Seils ausgleicht.

- Wenn man ganz normal draufgeht, so als läge es am Boden, ist es viel leichter, als wenn man es sich so wacklig vorstellt.

- Es geht wesentlich besser, wenn man in der eigenen Mitte ruht und den Schwerpunkt tief legt.

- Das Sich-Sammeln vor Beginn ist ganz wesentlich.

- Man weiß schon vor dem ersten Schritt, ob man es schafft.

- Man sieht jedem an, mit welcher Einstellung er an die Sache herangeht.

- Das Seil macht ehrlich, man kann nichts verbergen.

- Das Seil erfordert hundertprozentige Aufmerksamkeit.

- Es geht leichter, wenn man nicht auf die Füße, sondern auf sein Ziel schaut.

Für die meisten von uns war es ein herrliches Gefühl, längere Zeit mit weit ausgebreiteten Armen auf einem Bein zu stehen, die Schwankungen auszugleichen und nicht runterzufallen, ja sogar aus extremen Ungleichgewichten wieder ins Gleichgewicht zu kommen. Bei der anschließenden Beschäftigung mit der Frage, was denn eigentlich Sicherheit ausmache, was überhaupt sicher sei, machten wir ein kleines Experiment mit einem erstaunlichen Ergebnis. Wir stellten uns auf den Boden, ganz normal mit beiden Füßen, schlossen die Augen und versuchten, einmal vollkommen ruhig zu stehen. Wenn Sie es probieren, werden Sie merken, dass man nie ruhig steht. Der Körper und die Füße machten permanent winzige Ausgleichsbewegungen, damit man nicht umfällt – und das auf scheinbar so sicherem Boden.

Stellt sich diese absolute Ruhe, diese Balance nur auf dem unsicheren Boden ein, weil dessen Bewegung uns den Ruhepunkt ermöglicht? Uns schien es fast so, denn schon bei den nächsten Versuchen gingen die ersten bis auf die andere Seite des Seiles. Zu beobachten war dabei, dass die letzten Schritte immer wie selbstverständlich ausgeführt wurden. Und so begannen einige über das Seil zu laufen, als würden sie einen Spaziergang machen, andere machten eine lustige Watschelnummer daraus, manche gingen schnell, andere langsam, die Unsicherheiten bis aufs letzte auskostend. Es gab auch welche unter uns, die nicht hinüberkamen, was aber keine Rolle spielte, da sie genau wussten warum und diese Gründe teilweise nicht zu beseitigen waren. Aber das Gefühl, auf einem Drahtseil einen Drahtseilakt zu machen, hatten wir alle. Und da nichts sicher ist, waren wir glücklich, im Umgang mit Unsicherheit wieder etwas dazugelernt zu haben.

Mit unserer Arbeit bewegen wir uns auch manchmal auf einem Drahtseil, auf dem wir uns zwar sehr sicher fühlen, das aber von außen betrachtet wacklig aussehen oder wirken kann. So haben manche unserer Kunden manchmal Mühe, auf in jeder Beziehung abgesicherte Methoden, feste Strukturen, bis ins Detail abgestimmte Vorgehensweisen zu verzichten. „Wir möchten Veränderung, aber bitte mit herkömmlichen Mitteln" entspricht einem auf den Boden gemalten Drahtseil.

Wollen Sie zu uns aufs Drahtseil kommen? Es trägt viele!

Im Fluss sein – Schwimmen

Wasser ist ein Element, aus dem wir zu 60 Prozent bestehen, ohne das wir keine drei Tage überleben würden, das zu 71 Prozent die Erde bedeckt, das uns als Embryo umgibt, dem alles Leben entstammt, also auch wir Menschen. Es übt eine Faszination nicht nur auf Kinder aus, was die vielen Teiche, Springbrunnen, kleinen Wasserläufe zeigen. Am Wasser zu sitzen und ihm zuzuschauen oder dem Gurgeln eines Baches zuzuhören, entspannt und lässt die Gedanken fließen. Alles fließt, sprach Heraklit.

Empfinden wir uns selbst auch als fließend oder eher als fest und eingeschlossen in unserem Körper? Eine entscheidende Frage, wenn wir uns dem Element Wasser in der Form nähern, dass wir hineingehen. Wenn Babys einfach in warmem Wasser schwimmen gelassen werden, folgen sie einem Reflex, der sie zu einem natürlichen Wechsel von untertauchen und auftauchen, von einatmen und ausatmen führt. Sie lernen auf natürliche Weise das Schwimmen, besser gesagt, das vorhandene Wissen wird gefördert und kann somit beibehalten werden. Ohne diese Erfahrung kommt man sich beim späteren Schwimmenlernen eher vor wie ein Stein, der untergeht, sobald man ihn ins Wasser wirft.

Was macht den Unterschied aus, oder besser, wie können wir uns mit dem Element Wasser wieder derart verbinden, dass es uns trägt, wir mit ihm fließen? Diese Frage stellten wir uns einmal in einem Seminar für Trainer im Zusammenhang mit Flexibilität und Anpassungsfähigkeit. Und so saßen wir eines frühen Morgens in unseren Bademänteln in der Schwimmhalle des Hotels: Jeder mit einem Glas frisch gepreßtem Orangensaft vor sich näherten wir uns philosophisch dem Thema an. Am Tag zuvor war das neu gebaute Außenschwimmbecken des Hotels frisch eingelassen worden und es drängte sich geradezu auf, das mit der menschlichen Anpassungsfähigkeit auszuprobieren. Mein Vorschlag, draußen schwimmen zu gehen, wurde zunächst nur als Spaß aufgenommen, hatte das Wasser draußen doch eine Temperatur von 14°C und das, was vom Himmel fiel, konnte sich nicht so recht entscheiden, ob es nun Regen oder Schnee sein wollte. Die Idee, da raus zu gehen, war so abwegig und so verrückt, dass sie uns nicht mehr losließ und irgendwann sagte jemand: „Wir können noch so lange darüber reden, wir finden es nicht heraus, wenn wir es nicht ausprobieren." Allein die Vorstellung ließ manche schon blass werden, aber wie es so ist, wenn eine Idee, verbunden mit einer für jeden wichtigen Fragestellung im Raum steht, lässt sie einem keine Ruhe mehr.

Alle entschieden sich dafür, mitzumachen. Wir einigten uns auf die Regel, nicht dem ersten Impuls zu folgen, sondern auf den zweiten zu warten. Die Frage, die wir mitnahmen, war „Ist es möglich, sich in dieser Umgebung wohl zu fühlen?" So, als würden wir Fallschirm springen und es würde sich eben die Tür des Flugzeuges öffnen, legten die ersten ihre Bademäntel ab und gingen hinaus. Ich folgte an vierter Stelle, und als ich ins Wasser eintauchte, dachte ich nur „So eine bescheuerte Idee kann ja nur dir kommen! Das ist ja nicht auszuhalten!" Es war eine Art Schock, der aber nicht lange anhielt und sich kurz darauf völlig verwandelte. Ähnlich schien es auch den Anderen zu gehen und nach anfänglichem Zweifeln, dass das doch nicht sein könne, begannen wir, im Wasser herumzutoben, um die Wette zu schwimmen und allerlei Spiele zu veranstalten. Nach 15 Minuten verließen die Ersten das Wasser und von da an schienen uns das Hotel, der Seminarraum und vor allem das Wasser im Hallenbad viel zu warm.

Für einige war das die eindrücklichste Erfahrung im Seminar, die sich zusammenfassen lässt in dem Satz: „In Zukunft werde ich zurückhaltender sein mit meinen Aussagen darüber, was möglich und was nicht möglich ist!"

Am nächsten Morgen – manche bedauerten, dass das Wasser schon deutlich wärmer war – trafen wir uns mit der zweiten Frage, der Frage, wie wir uns mit dem Element Wasser so verbinden könnten, dass ein spielerisch leichtes Schwimmen möglich wird. Das Bild der Delfine bietet sich als schönes Vorbild dafür an, wie man sich als Nichtfisch im Element Wasser elegant und spielerisch leicht bewegen kann. Ich verrate Ihnen nicht, was dabei herauskam, damit Sie diese Erfahrungen selbst machen können. Ich verrate aber die Fragen und Themen, denen wir jeweils eine Beckenlänge lang nachschwammmen:

- Ich empfinde das Wasser als schwer und versuche, es mit den Armen beiseite zu drücken.

- Ich empfinde das Wasser als leicht, der Widerstand ist angenehm fließend.

- Ich schwimme so laut wie möglich.

- Ich schwimme so leise wie möglich.

- Ich schwimme ernst.

- Ich schwimme lustig.

- Ich achte darauf, wie sich meine Haut anfühlt, wenn das Wasser an ihr entlang streicht.

- Ich nehme die Energie des Wassers auf.

- Ich gebe Wärme an das Wasser ab.

- Ich verbinde inneres und äußeres Fließen.

- Ich schwimme mit dem Lächeln eines Delfins.

„Wenn man Luft braucht, sollte man oben schwimmen."
Inner Game Weisheit

Treffendes Gefühl – Tennis

Wie im richtigen Leben gibt es beim Tennis alle möglichen Schläge. Angefangen mit Vorhand-, Rückhand- und Aufschlägen gibt es Befreiungsschläge, Tiefschläge, Ausschläge, Rückschläge und wenn ein „Wissender" dabei ist, auch noch Ratschläge! Es gibt aber auch Gefühlsschläge, bei denen man, anders als z.B. bei den Befreiungsschlägen, den Ball ganz nah an sich herankommen lässt, wobei Folgendes geschehen könnte:

Du siehst den Ball näher kommen, direkt auf dich zu. Du erkennst die Härchen des Balls, kurz bevor du ein angenehmes Plop hörst und der Ball sich langsam um sich selbst drehend wieder in die andere Richtung beschleunigt. Du bist ganz bei dir, deine Beine tanzen über den Platz, dich immer in deiner Balance haltend. Du folgst deinem Körper und seinen Impulsen und er folgt dir. Dein Schwerpunkt ist immer so, dass dich nichts aus dieser Balance bringt. Der Ball kommt, du nimmst ihn an, lässt dich von ihm bewegen, gibst ihm nach, schon bevor er da ist, um ihm dann etwas zu geben, was ihn sich wieder bewegen lässt. Du spürst den Schläger als einen Teil von dir, als Verlängerung deines Armes. Fließend sind deine Bewegungen, dein Körper ist wach, präsent und entspannt, dein Atem geht ruhig und gleichmäßig. Mit jedem Schlag spürst du, wie deine Kraft sich ausbreitet und über Arm und Schläger sich auf den Ball überträgt. Du folgst dem Ball mit den Augen und dein Körper bewegt sich mit. Bevor der Gedanke da ist, bewegt er sich schon in eine bestimmte Richtung, so als ahne er, wohin der Ball zurückkommen wird. Schlag folgt auf Schlag, es ist wie Einatmen und Ausatmen. In jedem Muskel spürst du deine Bewegungen, die sich mit denen des Balles immer mehr verbinden. Gefühle tauchen auf, du bist bei dem Ball, er ist mit dir. Gefühl und Ball verbinden sich.

Das nennt man Ballgefühl! Spielt man dagegen mit dem Kopf, mit dem Verstand, ist das schwierig. Der Kopf kann nämlich nicht nur keine Gefühle denken, er verhindert regelrecht jedes Gefühl, wenn er sich zu sehr einmischt. Versuchen Sie einmal,

Ballgefühl zu entwickeln, in den Ball hineinzuspüren, sich mit ihm zu verbinden, wenn Ihnen dauernd jemand anderes oder Sie sich selbst zurufen:

„In die Knie gehen, ausholen, schlagen, gut so ...

Jetzt wieder ausholen, schlagen, nein nicht so, früher ...

Nochmal, Achtung, Ball anschauen ...

Und nochmal Ball anschauen, ausholen, in die Knie und ja das war ganz gut so ...

Üben wir jetzt die Rückhand, ich zeige es Ihnen erst einmal, das geht so, Sie müssen den Schläger so halten und dann ..."

Haben Sie das schon mal erlebt, sei es bei Ihnen selbst oder bei anderen? Ich hoffe, Sie glauben an dieser Stelle des Buches nicht mehr, dass das gut gehen kann. Bei mir jedenfalls entsteht regelrecht ein körperliches Unwohlsein, wenn ich solche Aktionen mit ansehen muss. Mir tun Schüler und Lehrer gleichermaßen Leid, machen sie sich doch gegenseitig das Leben unnötig schwer. Wie nahe liegen Freude, Erfüllung und Einssein, wenn man vertraut, sich öffnet und spielt. In welche Ferne aber rückt all das, wenn man versucht, dem Körper eine bestimmte vorgegebene Bewegung aufzuzwingen.

Wenn Sie ausprobieren möchten, was es heißt, ein solches Ballgefühl zu entwickeln, dass das Treffen zur natürlichen Folge wird, könnte Ihre nächste Stunde auf dem Tennisplatz z.B. so aussehen:

- Ohne Schläger wirft man sich den Tennisball aus gößerer oder kleinerer Entfernung zu, mal fester, mal leichter. Man fängt ihn, mal so leise, mal so laut wie möglich.

- Man lässt den Ball vom Schläger aus hüpfen und dreht dabei den Schläger. Wirft den Ball ganz hoch und fängt ihn weich mit dem Schläger auf. Nach einiger Zeit können Sie den Ball auch von der Schlägerkante hüpfen lassen. Das Gleiche geht auch nach unten, indem Sie den Ball auf den Boden schlagen.

- Jetzt nehmen Sie den Schläger in die andere Hand und tun das Gleiche.

Oft werden solche und eine Vielzahl von anderen vorbereitenden Übungen von denen belächelt, die, kaum auf dem Platz, gleich draufhauen, als ginge es um ihr Leben. Doch bei diesen Übungen entwickelt man ein Gefühl für sich und den Ball. Sie entspannen und ermöglichen das Abschalten dessen, woher man gerade kommt. Sie machen weich und vor allem der Armwechsel kann Sie dabei unterstützen, ein gutes Gefühl für den Ball zu entwickeln. Weitergehen kann es dann so:

- So nahe am Netz, dass der Ball einmal aufhüpfen kann, spielen Sie sich die Bälle zu. Mal so weich wie möglich oder so leise wie möglich, mal so lustig, mal so ernst wie möglich. Mal mit dem Schläger in der rechten, mal in der linken Hand, mal mit beiden Händen.

- Immer, wenn Sie den Impuls haben, weiter auseinanderzugehen, warten Sie noch einen Moment ab.

- Lenken Sie Ihre Wahrnehmung auf alles, was Sie noch vom Ballgefühl trennt. Erkennen Sie es, nehmen sie es an, spielen Sie eine Weile damit und lassen Sie es dann los.

- Im Verlauf des Spiels gibt es eine Fülle von weiteren Möglichkeiten, worauf Sie Ihre Wahrnehmung lenken können, um damit Ihrem Körper zu ermöglichen, frei zu werden und das zu tun, was er kann, z.B. auf den eigenen Atem achten, spüren, wie sich die Füße auf dem Boden anfühlen, die Nuancen des Tones beim Aufschlag des Balles erforschen, wechseln zwischen aktiven, kreierenden und passiven, reagierenden Schlägen.

Neulich spielte ich mit meinem neunjährigen Sohn Tennis, nebenan spielte ein anderer Vater mit seinem etwa gleichaltrigen Sohn. Während wir alle möglichen Dinge ausprobierten, um einerseits Ballgefühl zu bekommen, andererseits um Spaß zu haben, lief nebenan ein klassischer Vater-Sohn-Drill. „Mach das so und so!", „Wie oft habe ich dir schon gesagt ...", „Streng dich jetzt endlich einmal an!", „Wenn ich mir schon mal Zeit nehme, will ich, dass du etwas lernst!", „Willst du denn nie gut Tennis spielen können?" Der Sohn strengte sich mit verbissenem Gesicht an, um es seinem Vater recht zu machen. Die Atmosphäre, die zu uns herüberschwappte, war so, dass mein Sohn abgelenkt wurde und immer wieder irritiert hinüberschaute. Es störte ihn, und als ich ihn fragte, warum es bei uns anders wäre und ich sogar dann „gut" sagen würde, wenn er den Ball ins Netz haut, sagte er „Du weißt halt schon, dass ich es kann, und ‚gut' sagst du immer, wenn ein Ball gut war, egal wo er hinfliegt!"

„Plop ist nicht gleich Plop."
Inner Game Weisheit

Dreiklang, Zweiklang, Einklang – Klavier spielen

Am Beispiel des Klavierspielens möchte ich Ihnen eine Disziplin vorstellen, die nichts mit Sport zu tun hat, und damit zeigen, dass sich dieser Ansatz nicht auf sportliche Aktivitäten beschränkt.

Das Klavier eignet sich stellvertretend für andere Musikinstrumente ideal, um einige Aspekte der Musik oder des Musikmachens zu verdeutlichen. Vielleicht spielen Sie ein Instrument oder haben früher einmal eines gespielt oder hören einfach nur gerne zu und denken manchmal, dass es schön wäre, selbst ein Instrument spielen zu können.

Woher kommt Musik? Entsteht sie im Kopf oder im Bauch? Menschen wie Mozart, Bach, Chopin und viele andere haben ihre Musik empfangen, in sich getragen und schließlich gespielt oder aufgeschrieben. Sie haben sich zum Medium von etwas Größerem gemacht und die Voraussetzungen dafür geschaffen, dem Ausdruck zu verleihen. Sie ließen die Musik zu sich kommen, entstehen, sich entwickeln und vermutlich waren sie selbst des Öfteren überrascht von dem, was sich da entwickelte, was sie da durchströmte und wie sich ihnen plötzlich ein Weg öffnete, an dem kein Zweifel mehr bestand.

Auf jeden Fall war zuerst die Musik da und erst danach kamen die Noten. Zum einen, damit man die Musik nicht mehr vergisst, zum anderen als Sprache, um sie weitergeben zu können. Wenn nun ein Pianist diese Musik spielt, ist neben bestimmten Fertigkeiten vor allem wichtig, dass er sich mit dem ursprünglichen Geist dieser Musik verbindet und ebenfalls zum Medium für die Musik wird. Das bedeutet, dass er sie spielt, als wäre es das erste Mal, dass er sich selbst davon verzaubern lässt, sich selbst zu einem Verstärker der Wirkungsweise der Musik macht. Ist er nur Techniker, wirkt lediglich ein Teil des Zaubers der Musik oder die Erinnerung an Glücksmomente bei einem früheren Anhören.

Sind Sie motiviert, ein Instrument, z.B. Klavier zu spielen? Wenn ja, möchte ich Ihnen folgende Vorgehensweise empfehlen, die sich nicht nur bei mir selbst, sondern auch bei vielen anderen bewährt hat.

- Lassen Sie den Glauben los, dass es Noten braucht, um Klavier spielen zu können.

- Alle Töne sind vorhanden. Es geht lediglich darum, der Schwerkraft folgend die Finger im „richtigen" Moment an der „richtigen" Stelle fallen zu lassen.

- Dazu ist es gut, sich zunächst innerlich mit dem Instrument zu verbinden, sich mit ihm vertraut zu machen.

- Ein nächster Schritt ist zu schauen, wie man sich selbst von allen Hemmungen befreien kann, so dass Sie ungehindert und locker wie ein kleines Kind an das Instrument herantreten können. Das Klavier macht genau das, was Sie wollen. Es ist Ihr Spiegelbild. Gehen Sie zaghaft an es heran, antwortet es zaghaft. Sind Sie schüchtern, klingt es schüchtern, sind Sie waghalsig, klingt es waghalsig. Sie spielen nichts anderes als sich selbst, also überlegen Sie vorher, welchem Teil von sich Sie Ausdruck geben wollen.

- Wenn Sie spüren, dass langsam die Lust wächst zu beginnen, setzen Sie sich ans Klavier, öffnen Sie den Deckel und machen Sie es sich ganz bequem.

- Beginnen Sie nicht sofort, sondern suchen Sie in sich Ihren Ton, bringen Sie etwas in sich zum Schwingen. Das kann ein Gefühl sein oder ein Gedanke oder etwas, das Lust hat, aus dem inneren Spiel ein äußeres zu machen.

- Und wenn der Impuls schließlich eindeutig wird, finden Sie den richtigen Ton auf dem Klavier. Lassen Sie Ihre Finger so lange Töne ausprobieren, bis sie einen gefunden haben, bei dem Sie sich wohl fühlen, der Ihnen gefällt. Das ist der „richtige" Ton. Und zwar ganz alleine für Sie in diesem Moment. Das kann jeden Tag ein anderer Ton sein.

- Wenn Sie ihn gefunden haben, beginnen Sie, mit ihm zu spielen. Dazu können Sie ihn anschlagen und halten oder mehrfach hintereinander kurz antippen oder was immer Ihnen einfällt. Ziel ist es, sich mit dem Ton zu verbinden, mit ihm in eine Art Dialog zu treten, Kraft aus ihm zu schöpfen, Vertrauen und Sicherheit aufzubauen. Spüren Sie seine Kraft, seine Schwingungen, das, was er auslöst, im ganzen Klavier, im Holz, in Ihnen. So wie er die Saite zum Schwingen bringt, kann er auch Sie zum Schwingen bringen. Dieser eine Ton kann sein wie ein ganzes Konzert.

- Irgendwann wird der Ton „mutig", er will mehr. Er schaut sich um und sieht viele weitere Tasten. Sie folgen Ihrem Impuls: Je nachdem, mutig, vorsichtig oder verspielt tasten Sie sich von Ihrem Ausgangspunkt aus weiter. Immer wieder zu Ihrem Ton zurückkehrend lassen Sie sich und Ihre Hände das Klavier erforschen. Sie schlagen Wege ein, merken, da geht es weiter, da nicht und kehren wieder um.

- Die ganze Zeit über sind Sie bei sich. Die einzige Aufgabe, die Sie sich stellen, ist, sich dabei wohl zu fühlen und das Klavier, die Töne und ihr Spiel zu nutzen, um es sich gut gehen zu lassen. Musik ist nicht dazu gedacht, zu leiden oder sich zu verkrampfen, im Gegenteil!

- Für ehemalige Klavierspieler ist es wesentlich, zu vergessen. Nutzen Sie das Spiel, um zu vergessen, dass es ein Richtig und Falsch gibt, dass Sie Noten brauchen, um Musik zu machen, dass Sie sich verspannen müssen, wenn Sie Klavier spielen. Spielen Sie, üben Sie nicht. Lassen Sie Ihre Finger wie Regentropfen auf die Tasten fallen. Erfreuen Sie sich an der Beweglichkeit Ihrer Finger und vor allem – spielen Sie mit den Händen, nicht mit dem Verstand. Allein Ihre körperlichen Erinnerungen sind schon so stark, dass Sie vermutlich in alte Muster reinrutschen und plötzlich einer Struktur, einem früher gelernten Stück folgen. Lassen Sie sich davon nicht gefangen nehmen, denn es mobilisiert Erinnerungen an „richtig" und „falsch". Machen Sie sich frei davon und kommen Sie beim Spiel in Fluss. Wenn Sie das einige Tage lang tun, können Sie diese neue Kraft und Energie, diese neue Form des Herangehens auch nutzen, um sich wieder alten Stücken zuzuwenden. Aber folgen Sie dabei Ihrer Lust und finden Sie vorher immer den für Sie „richtigen" Ton.

„Musik in Noten zu zerlegen und anschließend wieder zusammenzusetzen ist wie ein Kunstwerk auseinanderzuschneiden und anschließend wieder zusammenzusetzen. Es bleibt ein Puzzle!"
Inner Game Weisheit

Inner Game und Zukunft

Jeder, der es erlebt hat, möchte nicht mehr anders lernen. Warum auch, wenn man am eigenen Leib erfahren hat, mit wie viel Freude Lernen verbunden sein kann und wie schnell selbst scheinbar schwierige Dinge zu lernen sind.

Ich freue mich nicht nur über alle, die mitmachen wollen, sei es, um etwas zu lernen oder um Inner Game Trainer zu werden. Ich freue mich auch darüber, dass ich mit Inner Game und dessen Verbreitung meine Berufung gefunden habe. Eine Berufung, bei der ich ständig an schönen Erfahrungen anderer teilhaben kann und auch für mich selbst ständig Neues lerne.

Ist Inner Game einmal begonnen, wird es zu einem lebenslangen spannenden Prozess, man könnte sagen, die positive Variante von lebenslänglich. Und auch in der derzeit auf Kurzlebigkeit und Schnelligkeit ausgerichteten Wirtschaft findet es begeisterten Anklang. Denn für Inner Game gilt unter anderem: „Erfolg lässt sich nicht vermeiden!"

Näheres dazu finden Sie unter *www.innergame.de*

Unternehmen bewegen sich

Ist es denn die Möglichkeit...

„Es ist traurig, dass es so schwer ist, einfach das auszudrücken, was man wirklich denkt. Dabei sind doch alle erwachsen!"
Ein Banker

Mit diesem Banker kam ich neulich bei einem Geschäftsessen ins Gespräch über dies und das, über das Leben im Allgemeinen und die Arbeit im Besonderen. Und je offener das Gespräch wurde, desto überraschter war er, wie selbstverständlich Dinge hingenommen werden, die kaum nachzuvollziehen sind, wenn man sie einmal näher betrachtet. „Ist es denn die Möglichkeit", sagte er immer wieder in diesem Gespräch, was ich im Folgenden kurz mit eigenen Worten wiedergebe:

- Ist es denn die Möglichkeit, dass erwachsene Menschen sich nicht trauen, das zu sagen, was sie denken?

- Ist es denn die Möglichkeit, dass Mitarbeiter nicht zufrieden sind, aber nichts daran ändern, sondern abwarten, und schließlich das Unternehmen überlegt, wie man sie zufriedener machen könnte?

- Ist es denn die Möglichkeit, dass Mitarbeiter ihr Unternehmen schlecht finden, aber dennoch bleiben und sich von diesem bezahlen lassen?

- Ist es denn die Möglichkeit, dass Menschen ihre Potenziale lieber in ihrer unbezahlten Freizeit ausleben als bei der Arbeit?

- Ist es denn die Möglichkeit, dass Führungskräfte Angst vor kompetenten, eigenverantwortlichen Mitarbeitern haben – die ihnen doch die Arbeit erleichtern würden?

- Ist es denn die Möglichkeit, dass Führungskräfte überhaupt keine Kraft haben?

- Ist es denn die Möglichkeit, dass die meisten Menschen ihre Kraft aus Familie, Beziehung und Freundeskreis ziehen, dafür aber kaum Zeit haben?

- Ist es denn die Möglichkeit, dass Unternehmen grenzenloses Wachstum für möglich halten, obwohl es das in der Natur nicht gibt, bzw. nur im zerstörerischen Bereich, z.B. bei Krebs?

- Ist es denn die Möglichkeit, dass von Unternehmen vorgegebene Ziele von den Führungskräften fraglos angenommen und nach unten weitergegeben werden?

- Ist es denn die Möglichkeit, dass aus Zeitmangel Entscheidungen oft nicht genügend durchdacht werden, die Folgen aber ein Vielfaches der Zeit benötigen?

- Ist es denn die Möglichkeit, dass die meisten Menschen in unserem reichen Land nicht annähernd ihrer Berufung nachgehen und keinen wirklichen Spaß bei der Arbeit haben?

- Ist es denn die Möglichkeit, dass viele Menschen vor lauter Akquirieren, Generieren und Reagieren völlig vergessen, warum und wofür eigentlich?

- Ist es denn die Möglichkeit, dass technische Kommunikationsmittel die Kommunikation immer mehr erschweren?

- Ist es denn die Möglichkeit, dass alle sagen, die Zeit wird immer schneller, dies keiner gut findet, aber auch keiner weiß, wer dafür zuständig ist?

- Ist es denn die Möglichkeit, dass Organisationen mit so vielen Engpässen und vergeudeter Energie dennoch erfolgreich sein können?

Wir kamen zu dem Ergebnis, dass das und noch vieles mehr nicht nur möglich ist, sondern die Realität. Warum aber ist das so, obwohl es die meisten doch offensichtlich gar nicht wollen?

Alle wissen es, keiner fühlt sich damit wirklich wohl, alle würden es gerne ändern, wenn ... ja wenn es nicht die anderen gäbe, die es ausnützen. Dabei sagen doch die Unternehmensleitlinien hinter Plexiglas nichts anderes als beispielsweise „Wir gehen offen miteinander um" oder „Gegenseitiges Vertrauen und Offenheit sind unsere Basis".

Was aber fehlt, ist, das Offensichtliche auch zu tun, sich als Mensch in Organisationen frei zu fühlen, sich für seine Freiheit einzusetzen und damit schließlich die Voraussetzung zu schaffen, wirklich gute Arbeit abzuliefern, und das auch noch gerne. Stattdessen führten diese kollektive Gelähmtheit und taktische Vorsicht dazu, dass man permanent auf der Hut ist, Angst hat, etwas falsch zu machen, und schließlich sich selbst, seine Arbeits-, aber auch die Lebensfreude immer mehr verliert.

Oft sind Teilnehmer erschüttert, wenn sie durch einfaches Miteinanderreden feststellen, dass es den anderen nicht nur genauso geht wie ihnen, sondern die Probleme und Ängste oft dieselben sind. „Dann sind die anderen ja doch nicht nur perfekt und erfolgreich!" war die erstaunte Aussage eines Managers, der sehr viel Anstrengung aufgewendet hatte, um seine Schwächen nicht zu zeigen. Er glaubte tatsächlich, er sei der einzige, so wie die anderen das umgekehrt auch dachten. Welche Befreiung und Erleichterung, auf diese Spielchen verzichten zu können! „Es ist ja so viel einfacher, wenn ich nicht ständig diese Fassade aufrecht erhalten muss, braucht das doch sehr viel Energie", meinte ein Teilnehmer. Ein anderer sagte: „Für mich war bisher die größte Herausforderung und Anstrengung, stark sein zu müssen und Stärke vorzuspielen."

So betrachtet, kommt immer wieder die Aussage „Das geht ja zu wie im Kindergarten!". Im echten Kindergarten geht es allerdings ganz und gar nicht so zu. Kinder würden niemals das

Gähnen unterdrückend Vorträgen lauschen und dabei Interesse vortäuschen. Kinder würden niemals bis zur Kaffeepause nach der Besprechung warten, bis sie sagen, was sie denken. Kinder würden (ohne den Zwang der „Erwachsenen") keine Dinge tun, die sie nicht wirklich fesseln und begeistern. Sie spielen (arbeiten), weil es das ist, was sie jetzt wollen. Oder stellen Sie sich eine Gruppe von Kindern vor, bei denen plötzlich einer die Führung übernimmt, aber weder die Kompetenz noch die Ausstrahlung hat. Die anderen würden einfach unberührt weiterspielen, möglicherweise woanders, wenn der Betreffende zu sehr stört. Und wenn einer käme und ihnen sagen würde, was sie zu tun hätten, welche Ziele sie erreichen sollten, wäre ihre nahe liegende Frage „Warum?". Und wenn diese nicht hundertprozentig befriedigend beantwortet würde, würden sie es nicht akzeptieren. So sind Kinder und so ist es im Kindergarten.

Es geht deshalb darum, einen Erwachsenengarten zu schaffen. Die spielend lernende Organisation bietet den dafür erforderlichen Spielraum.

„Wenn man nicht aufpasst,
wird das große Geschäft zum Durchfall!"
Inner Game Weisheit

Die spielend lernende Organisation

*Wo kämen wir hin,
wenn alle sagten,
wo kämen wir hin,
und keiner ginge,
um zu sehen,
wohin wir kämen,
wenn wir gingen?*
Kurt Marti

Die spielend lernende Organisation zeichnet sich durch ein hohes Maß an Lebendigkeit und Beweglichkeit aus. Bei immer mehr Unternehmen wird erkannt, dass gerade darin ein wesentlicher Erfolgsfaktor liegt, da die Unterscheidung nach Produkten und Preisen oft kaum noch möglich ist.

Die „spielend lernende Organisation" ist ein Modell, um auf einer bildhaften, konkreten und leicht verständlichen Ebene das tiefere Verständnis für ständige Veränderungen und systemische Betrachtungsweisen im Unternehmen zu fördern. Die spielend lernende Organisation zeichnet sich durch Vielfalt, starke Selbstreinigungskräfte und die Fähigkeit, effektiv mit äußeren Einflüssen umgehen zu können, aus. So kann sie sich immer wieder auf neue Bedingungen und Anforderungen einstellen und trotzdem ihren individuellen Charakter und die eigene Richtung beibehalten.

Die drei Hauptaspekte der spielend lernenden Organisation sind:

1. Spielende Kommunikation

2. Energie vor Tagesordnung

3. Gelebte Fehlerkultur

Einer der wesentlichsten Aspekte ist die „spielende Kommunikation", denn das wird der entscheidende Erfolgsfaktor der Zukunft. Und das wiederum hängt mit den Menschen zusammen, die kommunizieren oder, wie es heute häufig der Fall ist, eben nicht. Und das trotz oder gerade wegen ständig verbesserter technischer Kommunikationsmittel.

Folgendes Beispiel zeigt die unterschiedlichen Ausrichtungen. Viele Unternehmen versuchen, ihren „faulen" Mitarbeitern so zu begegnen, dass sie die Möglichkeiten für die Pause und das Schwätzchen zwischendurch abschaffen. Andere Unternehmen fördern das, da sie den besonderen Wert dieser absichtslosen und damit spielerischen Kommunikation nebenbei erkennen. Spielend kommunizieren heißt aber auch, die Bedeutung der Kommunikation überhaupt zu erkennen und ihr eine entsprechende Priorität einzuräumen. Denn wenn vor lauter Arbeit überhaupt keine Zeit mehr für Kommunikation bleibt, ist es gleich, ob diese spielend ist oder nicht!

„Energie vor Tagesordnung" bedeutet, dass es durchaus eine Tagesordnung, Normen und Richtlinien gibt, dass diesen aber keine übergroße Bedeutung zugemessen wird. Der Mensch lässt sich nunmal nicht dauerhaft in enge Strukturen pressen, bzw. er reagiert darauf mit Abschalten und Resignation. Er erträgt die Tagesordnung, seine Energie ist dabei jedoch eine ganz andere oder ganz woanders. Was versprechen sich Unternehmen davon, bei ihren Informationsveranstaltungen möglichst viele Inhalte in möglichst komprimierter Form darzubieten? Lauter Antworten, ohne dass Fragen gestellt wurden! Die Zuhörer schalten bald ab, von den Informationen bleibt wenig hängen, aber die Tagesordnungspunkte wurden abgehakt.

Das Gleiche erlebt man oft in Besprechungen. Auch hier gibt es Tagesordnungspunkte, was durchaus sinnvoll ist. Das Ziel ist aber meist, diese in der dafür anberaumten Zeit abgehakt zu haben, und nicht, sie wirklich zu durchdringen. Oft hört man Aussagen wie „Kommen wir zum nächsten Punkt, sonst reicht die Zeit nicht!". Diese mahnenden Worte kommen meist dann, wenn sich gerade eine Diskussion zu entwickeln beginnt, wenn also plötzlich Energie im Raum vorhanden ist. Es ist fatal, hier zu unterbrechen, denn der abgehakte, aber unerledigte Punkt kommt wie ein Bumerang wieder zurück. In der Summe braucht dieser Punkt dann weitaus mehr Zeit, als hätte man ihn gleich umfassend behandelt.

In der spielend lernenden Organisation folgt die Tagesordnung der Energie. Dadurch werden die anstehenden Aufgaben umfassender, gründlicher und mit dem ganzen Einsatz aller Beteiligten bewältigt. Wer sich dazu im Moment nicht in der Lage fühlt, macht eine Pause oder einen Spaziergang oder sonst etwas, was seiner Energie oder Nicht-Energie gerade entspricht. Damit trägt er mehr zum Gelingen bei als durch Gelangweiltsein oder gar destruktive Äußerungen.

„Wir brauchen in unserem Unternehmen eine Fehlerkultur", sagte neulich der Vorstandsvorsitzende eines großen Unternehmens auf einer Führungskräftetagung vor 600 Führungskräften. Kurz zuvor hatte er beim Jonglierenlernen erlebt, wie schnell man lernen kann, wenn Fehler nicht nur erlaubt, sondern sogar erwünscht sind. Der Ball „muss" am Anfang runterfallen, um diesen Erfolg zu haben!

Wie sieht es aber in der Realität aus? Im übertragenen Sinne bekommen die Mitarbeiter mit neuen Anforderungen quasi drei Bälle in die Hand, mit der Aufforderung zu jonglieren. Dabei erwartet nicht nur der Auftraggeber, sondern auch der Mitarbeiter, dass alles auf Anhieb funktioniert. Gleichzeitig ahnt er (sein Inner Game), dass es gar nicht funktionieren kann. Und so lässt er die Bälle, vor lauter Angst, dass sie runterfallen könnten, gar nicht erst los. Mit großem Aufwand, allen möglichen Tricks und viel äußerer Aktivität versucht er, diese drei Bälle in seiner Hand als gelungenes Projekt zu bezeichnen, als Jonglage zu verkaufen. Den anderen geht es genauso und das führt schließlich dazu, dass man dieses Ergebnis Jonglieren nennt. Alle haben ihr Bestes gegeben, mehr ist nicht möglich. Alle sind sich einig, nur passiert ist in Wirklichkeit nichts.

In einer gelebten Fehlerkultur ist es eine Binsenweisheit, dass nur „Fehlermachen" schnelle Lernfortschritte überhaupt ermöglicht. Denn Lernen ist Loslassen und Loslassen führt am Anfang meist zum Runterfallen. Festhalten führt dagegen zwangsläufig zur Verkrampfung, die einen möglichen Erfolg noch weiter in die Ferne rücken lässt.

Das alles hat dieser Vorsitzende womöglich erkannt und seine Worte haben mich sehr berührt. In einer Welt, die alles perfekt machen möchte, die immer schneller und technischer wird, soll es wieder erlaubt sein, Fehler zu machen und daraus zu lernen. Tatsache ist, dass nur durch diese Erlaubnis, und man muss sie auch sich selbst geben, Lernen und Veränderung lebendig werden und damit überraschend schnelle Erfolge möglich sind.

„Die gesamten Motivationsbemühungen der letzten Jahrzehnte in den Unternehmen sind nicht anders zu verstehen als der Versuch, Arbeit und Spiel wieder zusammenzubringen."
Dr. Harald Schneider

Keine Führung ohne Kraft

Die Führungskraft in der spielend lernenden Organisation gestaltet Spielräume mit Zielrichtung, Grenzen und Freiräumen gleichermaßen. Stellen Sie sich ein Fußballspiel ohne Tore vor, alle würden durcheinander rennen. Stellen Sie es sich ohne Außenlinien vor, nach einiger Zeit wäre kein Spieler mehr da. Oder stellen Sie sich die Spieler ohne Bewegungsfreiraum vor, alle würden an ihrem Platz stehen bleiben.

Nur wie bekommt man eine gemeinsame Zielorientierung hin, erkennt die angemessene Begrenzung, gestaltet den passenden Freiraum und setzt die Mitspieler am richtigen Platz ein?

Mit dieser Frage und Kunst gleichermaßen beschäftigt sich die Führungskraft in der spielend lernenden Organisation zu einem großen Teil ihrer Arbeitszeit. Die Führungskraft in einer spielend lernenden Organisation

- entscheidet, ob und wie viel sie selbst aktiv mitspielt,
- kann ihre Mitarbeiter fördern und fordern,
- hat Freude an deren Erfolg,
- hat ein starkes Einfühlungsvermögen in Menschen und Situationen,
- bleibt in Konfliktsituationen gelassen,
- denkt und handelt mutig und steht für ihre Mitarbeiter ein.

Um das zu erreichen, ist ein lebenslanges Lernen erforderlich. Davor steht die Erkenntnis, dass das plötzliche Vorhandensein von eigenen Mitarbeitern noch lange keine Führungskraft ausmacht. Eine Arbeit oder Fertigkeit gut zu beherrschen, hat nichts mit der Fähigkeit zur Menschenführung zu tun. Die Kraft vieler Führungskräfte ist allein die „Kraft" ihres Amtes!

Das ist ihnen meist auch bewusst, was nicht nur bei jungen Führungskräften häufig zu Stress und Anspannung führt. Um dem zu begegnen, wird auf bewährte Dinge zurückgegriffen, und das ist meist die Sachebene. „Ist das richtig gemacht worden?", „Dieser ist messbar hinter dem Soll!", „Jener erfüllt seine Aufgaben nicht zufrieden stellend" usw. Und auf dieser Ebene versucht man dann auch, mögliche Probleme zu lösen. Das funktioniert allerdings meistens nicht, denn oft stecken ganz andere Gründe dahinter als die offensichtlichen. Es ist das innere Spiel, das sich so oder so auf das äußere auswirkt.

Die meisten von uns versuchen alles richtig zu machen, strengen sich an und wollen es gut machen. Äußert der Vorgesetzte dann aber Kritik, ist die Konsequenz eine Erhöhung der Anspannung, gefolgt von weiter sinkender Leistung. Versucht er dies zu verstecken, wird aus einem anfangs kleinen Problem ein wirklich großes. Aber man war „sachlich"! Hier den richtigen Weg zu finden ist eine der großen Herausforderungen für Führungskräfte in der spielend lernenden Organisation.

Es kann allerdings nicht allein die Aufgabe der Führungskraft sein, für die Mitarbeiter komplett die Verantwortung zu übernehmen. Interessant war in dem Zusammenhang einmal die Antwort von Führungskräften auf die Frage „Wie motiviere ich mich, wie motiviere ich andere?". Ergebnis war, dass sie selbst einfach motiviert sind, sozusagen selbstverständlich, sich aber ununterbrochen Gedanken darüber machen, wie sie ihre Mitarbeiter motivieren könnten. Dabei geht es „nur" darum, einen Spielraum zu schaffen, in dem die Mitarbeiter ebenso selbstverständlich motiviert sind. Darin finden die Mitarbeiter auch einfacher den für sie geeigneten Platz.

Für all das ist es erforderlich, nicht nur dem Namen nach „Führungskraft" zu sein, sondern tatsächlich über die entsprechende Kraft zu verfügen und dafür zu sorgen, dass sie da ist. „Woraus beziehe ich als Führungskraft meine Kraft?" lautete die Fragestellung in einem Seminar. Als Antworten wurden unter anderem „Identifikation mit dem, was man tut, Erfolg, positive

Rückkoppelungen, Lob", aber in erster Linie „Familie, Freizeit, Freunde" genannt.

Zwei Erkenntnisse lassen sich daraus gewinnen: All das gilt nicht nur für Führungskräfte, sondern für alle, und wenn man über Motivation nachdenkt, sollte man zuerst auf diese Aspekte schauen. Zum zweiten kommt dem Privatleben und hier vor allem den Beziehungen eine besondere Bedeutung zu. Oft wird ein gewisses Erschrecken spürbar, wenn bemerkt wird, dass dafür so gut wie keine Zeit mehr ist.

Aber nicht nur im Privaten hat die Beziehungsebene eine so große Bedeutung. Das gilt in gleichem Maße für die Arbeit und die Beziehungen im Unternehmen. Der Eisberg bietet sich da als anschaulicher Vergleich.

Nur ein sehr kleiner Teil ist sichtbar, das meiste ist unsichtbar unter Wasser, aber dennoch vorhanden und äußerst gefährlich, wenn man nichts davon weiß. Ebenso ist es mit der Sach- und Beziehungsebene. Auch hier macht die Wirkung der Sachebene, also des Sichtbaren und Messbaren, nur einen kleinen Teil aus. Das Darunterliegende nämlich, Gedanken und Gefühle, Einstellungen, Beziehungen, Sympathien und Antipathien, all diese schwer messbaren Dinge machen den größten Teil des Eisberges aus. Und wenn es der Führungskraft nicht gelingt, diesen Teil zu sehen und anzusprechen, Verborgenes an die Oberfläche zu holen, kann sie auf der Sachebene noch so viel argumentieren, motivieren und verführen. Es nützt - zumindest langfristig – nichts.

„Das Titanic-Syndrom: So schnell war noch kein Schiff – unten!"
Inner Game Weisheit

Miteinander statt durcheinander

Es wird überall viel über Teams geredet, über Teamgeist und über die Vorteile, gemeinsam an einer Sache zu arbeiten. Eigentlich zweifelt keiner daran. Auch im Spiel bilden sich Teams, wenn es angebracht ist, und lösen sich wieder auf, wenn ihr Zweck erfüllt ist. Was macht es dann eigentlich zu einem so wichtigen Thema? Die Tatsache, dass Teamarbeit oft nicht funktioniert. Meist sind es auch hier Beziehungsprobleme einzelner Teammitglieder untereinander, die die Arbeit an der Sache behindern. Sehr oft ist es aber auch die Unfähigkeit, bei der Sache zu bleiben. In der spielend lernenden Organisation lernen alle Beteiligten, am Ball zu bleiben, sich auf das Thema zu konzentrieren. Bälle (Ideen), die in den Raum geworfen werden, werden aufgegriffen, eventuell verändert und dann weitergegeben. Leicht, spielerisch und flexibel wird ausgetauscht, bewegt, angepackt und jeder fühlt sich verantwortlich für das Ganze. Jeder wird ernst genommen mit seinen Vorschlägen, aber auch in seiner Eigenart als Person. Nicht alle müssen sich gleich mögen, um gut miteinander zu arbeiten.

Genau darin aber liegt ein Knackpunkt bei Teams. Sie verwechseln „Zusammenarbeit im Team" mit „Familie". In einer Familie ist es erstrebenswert, sich zu mögen, im Team ist das nicht notwendig. Und dennoch wird genau für diesen Anspruch sehr viel Zeit und Energie verwendet. Vorgeschoben wird dabei die Sachebene, in Wirklichkeit geht es aber auch hier um den unteren Teil des Eisberges.

Im Rahmen einer Umstrukturierung saßen sich in einem Workshop einmal zwei Teams gegenüber, die extrem gegensätzliche Vorstellungen zu einem wichtigen Aspekt dieser Umstrukturierung hatten. Beide Teams machten einen äußerst geschlossenen Eindruck und waren strikt gegen die Vorstellungen des anderen Teams. Sie mochten sich auch nicht sonderlich, was deutlich spürbar war. Diese Situation bot sich für zwei Experimente an.

Zunächst bat ich jedes Team, sich so vorzubereiten, dass sie in einem Streitgespräch jeweils die Position des anderen Teams vertreten könnten. Dies taten sie und ich ließ sie das dann auch in den vertauschten Rollen durchführen. Nach anfänglichen Schwierigkeiten steigerten sie sich immer mehr hinein, und ein Außenstehender wäre von ihrer Argumentation mehr als überzeugt worden, auch darin, dass sich diese beiden Gruppen überhaupt nicht mögen.

Fazit 1: Egal ob Gruppen ihre oder eine gegenteilige Meinung vertreten, das wichtigste ist das Zusammengehörigkeitsgefühl. Ein interessanter Nebenaspekt war natürlich auch, dass sich dadurch die Polarität komplett auflöste. Man hatte plötzlich Verständnis für die andere Seite. Ich glaube, manche haben sogar ihre Meinung geändert.

Was aber blieb, war ein eindeutiges Gefühl von „wir und die anderen", also ein starkes Zusammengehörigkeitsgefühl. Man weiß, wo man hingehört und möchte da auch bleiben. Dennoch ließen sie sich auf ein kleines spielerisches Experiment ein.

Dazu wurden wieder zwei Teams gebildet, allerdings so durchmischt, dass von den ursprünglichen Teams nichts mehr übrig blieb. Dann traten sie in einem Spiel mit Wettbewerbscharakter gegeneinander an. Schon nach kurzer Zeit waren alle mit Feuereifer dabei, der „Kampf" begann und eine eben dazugekommene Person hätte die beiden Teams als langjährige Gegner angesehen, solch eine Einheit strahlten sie aus! Die neuen Teams hatten sich gefunden und prompt wieder gegen „die anderen" abgegrenzt.

Fazit 2: Teams finden sich ebenso schnell, wie sie sich wieder lösen. Das menschliche Streben nach Gemeinsamkeit und familiärem Zusammenhalt wirkt da sowohl förderlich wie hinderlich.

In einer spielend lernenden Organisation werden diese Perspektivenwechsel als selbstverständlich angesehen und gezielt eingesetzt. Das ist allen Spielern bewusst und es fällt ihnen im Interesse des gemeinsamen Zieles leicht, bestehende Strukturen auch wieder loszulassen, sich neu zu orientieren, neue Standpunkte einzunehmen und dadurch Verständnis für andere Sichtweisen zu bekommen.

Vor allem dieses Verständnis füreinander ist wesentlich für Bereiche, in denen es unterschiedliche Standpunkte gibt, z.B. Außendienst für die Bedürfnisse des Kunden, Technik für die beste Lösung, Innendienst für reibungslose, möglichst standardisierte Abläufe, Buchhaltung für korrekte Zahlen. Welche Welten in der Betrachtungsweise dazwischen liegen können, stellen Mitarbeiter fest, die Gelegenheit hatten, einmal wirklich in die andere Rolle hineinzuschlüpfen, was in der spielend lernenden Organisation eines der wenigen „Muss" ist. Eine Indianerweisheit sagt dazu: „Du kannst einen anderen erst dann richtig verstehen, wenn du einige Meilen in seinen Mokassins gelaufen bist." Plötzlich wird deutlich, dass der andere nicht so handelt, weil er einen ärgern möchte, sondern weil er das aus seiner Sicht für die bestmögliche Form seiner Arbeit hält. Ebenfalls deutlich wird, dass Menschen mit vergleichbaren Anlagen vergleichbare Berufe wählen. So gibt es zum Beispiel kaum Verkäufer, die nicht gerne reden und damit, ohne sich dessen bewusst zu sein, so manchen eher Schweigsamen in die Enge treiben.

Hier Gesamtzusammenhänge aufzuzeigen und die Präferenzen eindeutig zu benennen, ist Führungsaufgabe, sonst geraten solche Teams immer wieder auf Kollisionskurs.

„Grundsatzfrage: Wie viel Team braucht die Lösung?"
Inner Game Weisheit

Erfolg, der von innen kommt

„Äußerer Schein verhindert inneres Strahlen (Ausstrahlung)."
Inner Game Weisheit

Wie geht es Ihnen beispielsweise als Messebesucher? Sie schlendern zielorientiert oder einfach so über eine Messe. Jeder Aussteller hat sich überlegt, wie er Sie motivieren kann, sein Angebot näher zu betrachten. Eine Fülle von visuellen und akustischen Reizen prallt Ihnen entgegen. Jeder überbietet jeden, jeder hat das Beste, allen steht die geschulte Freundlichkeit im Gesicht. Da, plötzlich dieser eine Stand, irgendetwas ist anders als bei den anderen. Irgendetwas zieht Sie an, und während Sie näher gehen, wird die Anziehung immer größer. Nur was ist es? Sie beschließen, es herauszufinden.

Zunächst betrachten Sie den Messestand. Er ist schön, übersichtlich und einladend, zugegeben, aber das sind die meisten anderen auch. Die Produkte sind gut angeordnet, der Stil eindeutig, Sitzgelegenheiten und Kaffee sind auch vorhanden.

Sie gehen näher heran und hören einem Verkäufer zu, wie er berät. Er ist kompetent und höflich, so wie man das erwartet. Jetzt erlauben Sie sich, sich einmal von den Äußerlichkeiten zu lösen, denn dort finden Sie keine wesentlichen Unterscheidungsmerkmale, und erlauben sich einmal hinzuspüren. Da Sie selbst Verkäufer sind oder zumindest gelegentlich etwas verkaufen – und sei es Ihre Arbeitskraft –, schreiben Sie sich danach Folgendes zur Erinnerung auf:

- Die Verkäufer hatten alle eine gelassene und kraftvolle Ausstrahlung.

- Die Atmosphäre war so einladend und offen, dass niemand das Gefühl hatte, wenn ich da hingehe, komme ich nicht mehr weg.

- Die Verkäufer waren offen, verbunden mit einem wertschätzenden und einladenden Interesse an Menschen.

- Sie strahlten die selbstverständliche Überzeugung aus, dass alle Menschen, für die ihre Produkte geeignet sind, auch bei ihnen kaufen werden.

- Eine gesunde Verbundenheit mit dem Unternehmen und auch untereinander war spürbar.

- Alles wirkte eindeutig, klar und einfach. Nichts wirkte aufgesetzt oder gekünstelt.

- Es herrschte echte Freundlichkeit jenseits der distanzierten Höflichkeit.

- Alle Besucher verließen diesen Stand – ob mit oder ohne Kauf – mit einem Lächeln.

So schwierig es ist, sich auf den äußeren Ebenen von seinen Mitbewerbern zu unterscheiden, so einfach ist das auf der menschlichen Ebene, weil diese am stärksten wirkt.

In der spielend lernenden Organisation ist allen Beteiligten klar, dass das für die eigene Ausstrahlung zuständige innere Spiel wichtiger ist als das äußere, wobei auch das natürlich nicht vernachlässigt werden darf.

Ein Verkäufer in der spielend lernenden Organisation verkauft spielend!

Energie vor Tagesordnung

Als ich kürzlich in einem Unternehmen einen Workshop moderierte und es entsprechend lebhaft und bewegend zuging, ging plötzlich die Tür auf und ein ärgerlich und angestrengt aussehender Mensch wies uns mit den Worten zurecht: „Können Sie nicht leiser sein, wir arbeiten nebenan ernsthaft".

Das sah man auch in den Kaffeepausen, in denen die „Ernsthaften" uns ernsthaft anschauten. Am Abend waren die Ernsthaften dann auch ernsthaft k.o., während unsere Gruppe mehrere O.K.s entwickelt hatte und gestärkt und voller Energie und Tatendrang den Raum verließ.

Gearbeitet haben beide Gruppen, es waren vergleichbare Themen und auch Mitarbeiter des gleichen Unternehmens. Der „kleine" Unterschied war nur, dass bei uns mindestens ebenso viel erarbeitet wurde, dazwischen aber genug Zeit für körperliche und spielerische Aktivitäten war und die Teilnehmer abends nicht müde nach Hause gingen.

Ein vergleichbares Erlebnis hatte ich, als ich einen Tagesworkshop im Konferenzraum des Unternehmens moderieren sollte. Als ich eine Stunde vor Beginn ankam, fand ich mich einem Raum mit fest montierten Tischen in U-Form gegenüber. Als ich sagte, dass die Tische raus müssten, hieß es, das sei nicht möglich, weil sie fest montiert seien, was ich ja gesehen hatte. Darauf sagte ich, dass ich dann nicht moderieren, sondern wieder gehen würde. Daraufhin montierten drei Hausmeister die Tische ab.

Zugegeben, ich hatte schon ein etwas mulmiges Gefühl, auf einem derartigen Eingriff zu bestehen. Und als schließlich die Teilnehmer eintrafen, erkannte ich an ihren befremdeten Gesichtern, dass das überhaupt nicht in ihrem Sinne war. Betont deutlich suchten sie nach Ablagemöglichkeiten für ihre Unterlagen, und schließlich waren wir dann so weit zu beginnen.

An dieser Stelle möchte ich einmal betonen, dass es mich immer wieder angenehm überrascht, mit welcher Bereitschaft Menschen aus der Wirtschaft sich auf Neues einlassen. Im Widerstreit mit Gewohnheiten oder Vorstellungen davon, wie etwas sein sollte, sind sie doch immer wieder bereit, Experimente zu wagen. Denn letztendlich zählt das Ergebnis, und wenn ein anderer Weg dieses leichter erreichen lässt, wird er auch akzeptiert.

So ließen sich auch diese deutlich irritierten Mitarbeiter trotz fehlender Stütze und des fehlenden Schutzes ihres gewohnten Konferenztisches auf mich und meine Arbeitsweise ein. Am Ende des Tages sagten die Teilnehmer übereinstimmend, dass in diesem Raum in vergleichbarer Zeit noch nie so viel erarbeitet worden wäre wie heute. Jongliert haben wir natürlich auch!

Für mich eine Bestätigung meiner Überzeugung, dass ohne Spielraum kein Spielraum möglich ist!

In der spielend lernenden Organisation wird Lernen und Tagen eine völlig neue Bedeutung und auch ein neues Gesicht bekommen. Hypermodern ausgestattete, allerdings immer noch an Klassenzimmer erinnernde Räume werden nicht mehr erforderlich sein. Äußerst flexible Gestaltungsmöglichkeiten und genügend Platz, schnell seinen Standpunkt zu verändern, sowie Raum für Bewegung machen den Charakter der neuen Räumlichkeiten aus. „Spielsachen" bzw. „bewegende Arbeitsmittel" liegen bereit. Licht, Luft und Farben schaffen eine fördernde Lernatmosphäre.

Viel wesentlicher ist aber, dass nicht permanent von „vorne" Antworten gegeben werden, ohne dass von „hinten" Fragen kommen. Das gilt für Seminare ebenso wie für Tagungen mit mehreren hundert Menschen. Sie werden meistens nicht einmal gefragt, ob sie damit einverstanden sind, ungefragt Antworten zu bekommen. Ich meine das nicht ketzerisch im Sinne von „was gemacht wird, ist schlecht", sondern die gewünschten Ziele können mit weitaus weniger Aufwand und Anstrengung viel leichter erreicht werden, als es derzeit noch üblich ist.

Fragen – Bewegen – Beteiligen

Fragen, Bewegen, Beteiligen sind die Schlüssel, um zu aktivieren und zu motivieren.

Fragen

„Was bewegt Sie im Moment?", „Warum sind Sie hier?", „Was möchten Sie zum Erfolg der Veranstaltung beitragen?", „Welche Fragen sind für Sie wichtig?" und weitere derartige „starke" Fragen, wie Sie sie auch aus dem Kapitel „Fragen statt Antworten" kennen, sind immer der Einstieg.

Gewohnt, etwas vorgesetzt zu bekommen, „eingelullt" und motiviert – oft eher verführt – zu werden, machen solche Fragen manche zuerst etwas misstrauisch. „Wieso werde ich plötzlich gefragt?", „Was steckt dahinter?", „Sind die Fragen ernst gemeint?" und ähnliche Bedenken können durch die Köpfe gehen und eine gewisse Verunsicherung ist möglich.

Aber das macht überhaupt nichts, wenn die Fragen echte und ernsthafte Fragen sind und die Antworten den Trainer bzw. das Unternehmen wirklich interessieren. Kommen keine Antworten, wartet man noch eine Weile, und wenn immer noch keine kommen, ist die Tagung eben vorbei. Oder glauben Sie ernsthaft, dass man mit reinen Konsumenten etwas aktiv angehen kann? Gleichzeitig ist es aber auch ein Spiegelbild der Offenheit im Unternehmen, denn Fragen hat jeder, auch wenn er sich nicht traut, sie zu stellen.

Nebenbei bemerkt: Wir mussten noch nie ein Seminar oder eine Tagung deshalb abbrechen, im Gegenteil!

Bewegen

Schon allein gefragt zu werden, bewegt unglaublich, vor allem, wenn erst einmal erkannt ist, dass die Fragen ernst gemeint sind. Es entsteht dadurch eine innere Bewegung, die in kürzester Zeit

Energie freisetzt. Vielleicht wird ja gerade aus Angst davor nicht gefragt!? Es geht aber dabei nicht nur um innere Bewegung, sondern auch um äußere. Stundenlang zu sitzen ist nicht menschlich.

Der Mensch ist von Natur aus ein Läufer, ein Geher, ein lebendiges Wesen, das sich bewegen will. Mir ist es immer wieder ein Rätsel, wie es täglich Tausende von Menschen aushalten, dazusitzen und sich Dinge anzuhören, die sie weder interessieren noch betreffen. Ich kann das schon lange nicht mehr und bin immer der erste, dem der Kopf auf den Tisch fällt.

Bewegen bedeutet allerdings nicht, zwischendurch ein paar Übungen zu machen, damit man wach bleibt. Bewegen heißt, innere und äußere Bewegung zu verbinden, den Körper aktiv ins Spiel zu bringen und die Übungen auszuwählen, die genau zum Thema passen. Dann sind alle Beteiligten mit allen Sinnen dabei und vor allem wach und lebendig.

Statt technisch aufwendiger Präsentationen oder Showeinlagen von vorne sorgt diese Methode dafür, dass man von sich selbst begeistert ist, statt von anderen. Und das ist es, was motiviert, was bewegt. Und dass sich die Menschen bewegen, ist doch das eigentliche Anliegen vieler Unternehmen. Nur wenn Bewegung permanent unterbunden wird, ist die zwangsläufige Folge, dass jeder brav an seinem Platz bleibt und erst einmal abwartet.

Allein, was mit dem Medium Ball oder Jonglage alles zu erreichen ist, ist durch keine noch so aufwendige technische Glanzleistung aufzuwiegen, bleibt der Mensch dort doch immer nur ein Zuschauer, statt selbst zum Akteur zu werden. Ganz abgesehen davon, dass das Streben nach immer mehr, immer perfekter, immer atemberaubender gerade in der Veranstaltungsbranche in Dimensionen vorstößt, die finanziell nicht mehr tragbar sind. Dabei ist es so einfach, wenn man das „Inner Game" des Menschen anspricht und ihn selbst gestalten lässt.

Beteiligen

Damit komme ich zum dritten Schlüssel. Menschen möchten beteiligt sein, möchten kreieren, möchten etwas gestalten und nicht alles fertig vorgesetzt bekommen. Mithelfen, ausprobieren, aus Fehlern lernen, Erfahrungen sammeln und gemeinsam erfolgreich sein, das ist es, was aktiviert. Eine perfekte Präsentation von vorne zeigt nur, dass jemand im Vorfeld viel gearbeitet hat. Dankbar werden Pannen wie platzende Beamerlampen oder Redner, die plötzlich vom Manuskript abweichen und menschlich werden, aufgenommen. Mit welchem Einsatz helfen Teilnehmer mit, einen ganzen Saal von Stühlen zu befreien. Endlich mal aktiv werden und das Gefühl haben, etwas Sinnvolles beitragen zu können.

Die logische Konsequenz daraus ist: Wenn Unternehmen wirklich möchten, dass sich die Mitarbeiter aktiv beteiligen, muss man ihnen die Gelegenheit dazu geben.

Diese drei Schlüssel sind in ihrer Einfachheit und Wirksamkeit so bestechend, dass sie von der stark auf Äußeres gerichteten Welt nicht ohne weiteres angenommen werden können. „Es kann doch nicht sein, dass man mit einem Bruchteil an technischem und damit finanziellem Aufwand deutlich mehr erreichen kann!?"

„In Kontakt mit dem kreativen homo ludens (dem Spieler)
wird der ernste homo sapiens (der Denker)
zum erfolgreichen homo faber (dem Tätigen)."
Inner Game Weisheit

Das Bewerbungsgespräch

Pünktlich bog er in die Straße ein, in der das Unternehmen ansässig war, wo er sich heute bewerben wollte. Er war etwas aufgeregt und freute sich gleichzeitig, war doch das vorangegangene Telefongespräch schon sehr einladend gewesen. „Er solle auf steife Formen und übertriebenes Äußeres verzichten und vor allem sich mitbringen", hieß es.

Da war er nun, fuhr auf den Parkplatz und ging auf das Gebäude zu. Es war ein ganz normales Gebäude, wie viele andere auch. Hatte er etwas Besonderes erwartet? Ja, und es bestätigte sich, als er durch die Eingangstür trat. Er befand sich in einer großen Eingangshalle mit einer außergewöhnlichen Atmosphäre. Bunt und lebendig ging es hier zu. Überall sah er Menschen alleine oder in Grüppchen, an Tischen stehend oder sitzend. Manche saßen auf Stühlen, andere auf Bällen. Ja, Bälle schienen hier eine besondere Rolle zu spielen. Überall lagen sie herum, in allen Varianten, Farben und Größen. Manche der Leute hatten einfach nur einen in der Hand und kneteten damit, andere warfen sich Bälle zu und auffällig viele jonglierten mit den Bällen. War er hier in einem Zirkus gelandet oder handelte es sich hier um einen Hersteller von Kinderspielzeug? Er wollte schon wieder gehen, als eine Dame auf ihn zutrat und ihn mit seinem Namen ansprach. Sie geleitete ihn zu einem freien Tisch und sagte:

„Schön, dass Sie gekommen sind, womit wollen Sie unserem Unternehmen nutzen und was können wir für Sie tun?" Als sie seinen überraschten Ausdruck sah, lächelte sie und sagte:

„Ach, ich vergesse immer wieder, wie das hier auf Außenstehende wirkt. Für uns ist das selbstverständlich, dass wir keine Jobs vergeben, sondern jeder seinen Platz selbst definiert. Und dass das sehr gut funktioniert, werden Sie noch sehen. Aber vorab erzähle ich Ihnen kurz die Geschichte unseres Unternehmens.

Vor einigen Jahren steckten wir mal wieder in einer ziemlich schwierigen Situation, hoher Kostendruck, harter Wettbewerb, und immer wieder verließen uns sehr gute Mitarbeiter. Wir mussten mit so vielen Faktoren jonglieren und bekamen es einfach nicht mehr in den Griff. Da sagte einer von uns bei einem der damals so häufigen Meetings: "Wie wollen wir mit den Dingen jonglieren, wenn wir es gar nicht können! Lasst es uns doch richtig lernen!" Wir verstanden uns damals als lernende Organisation und ließen auch solche verrückten Ideen zu. Viel zu verlieren hatten wir ohnehin nicht. Und so begannen wir zu jonglieren, und nach und nach kamen immer mehr Bälle zuerst ins Spiel, dann ins Rollen und schließlich ist unser Unternehmen rundum rund geworden.

Als die Bälle erst einmal ein gewohnter und fester Bestandteil in unseren Meetings waren, begannen wir auf vielfältigste Weise mit ihnen umzugehen. Wir warfen uns Bälle nicht nur sprichwörtlich, sondern wirklich zu, gaben den verschiedenfarbigen Bällen unterschiedliche Bedeutungen, z.B. Aspekte eines Themas. Wenn es ganz hitzig wurde, erklärten wir einen Ball zum Sprechball, und nur wer diesen hatte, durfte reden. Bald stellten wir fest, dass die Tische uns störten, und so kamen sie raus, was die Situation wieder erheblich veränderte. Plötzlich fühlten wir uns freier und beweglicher. Papier wurde weniger, dafür Wesentliches mehr. Wir kamen schneller auf den Punkt und wurden zu einem jonglierenden Unternehmen. Von diesem Moment an waren wir tatsächlich auch in der Arbeit mehr in der Lage zu bestimmen, wo es langgeht, statt nur auf die äußeren Umstände zu reagieren.

Natürlich hatte es sich mittlerweile herumgesprochen, dass wir da merkwürdige Dinge trieben. Gleichzeitig hörten wir aber immer öfter, dass wir so entspannt und flexibel wären, und das in der heutigen Zeit. Immer öfter wurden wir nach unserem Erfolgsrezept gefragt, und so entstand schließlich ein völlig neuer Unternehmensbereich, der ständig wächst. Wir machten aus unseren Erfahrungen ein Konzept, um unsere Vorgehensweise verständlich und nachvollziehbar zu ma-

chen. Dieses Konzept heißt „die spielende Organisation" und ist aus unserer Sicht eine konsequente Weiterführung der „lernenden Organisation". Denn LERNEN ist immer auf dem Weg zu einem Ziel, nicht fertig, sondern sich in Frage stellend, zweifelnd und sich verändernd. WISSEN ist dagegen das Erreichen des Zieles, es muss nichts mehr dazulernen, bleibt stehen oder steht still, ist fertig, zweifelt eben nicht, verändert sich nicht, ist so und bleibt so. LEBEN ist aber beides zugleich, Sein und Werden, Stehen und Gehen, Wissen und Lernen, Fortschreiten zu Neuem und Festhalten an Bewährtem. Leben ist eben SPIELEN. Und die spielende Organisation braucht das balancierte Spiel zwischen Haltung und Bewegung, zwischen Innovation und Tradition. Und das vergessen viele, die entweder alles bewahren wollen oder, das andere Extrem, ständig alles erneuern wollen.

Aber was erzähle ich Ihnen da. Schauen Sie sich einfach um. Wie Sie sehen, ist bei uns das Jonglieren eines der wichtigsten Spielelemente geworden. Wir nennen die Bälle und die anderen „Spielsachen" „bewegende Arbeitsmittel", denn sie sind heute ein selbstverständlicher Bestandteil unseres Arbeitens. Unvorstellbar, dass jemand von uns nicht zwischendrin immer wieder jongliert. Sei es zum Durchatmen, zum Entspannen, zum Lockern der Muskeln oder auch als kreative Pause, als Instrument, um ein Problem zu lösen, Prioritäten herauszufinden oder die Entscheidungsfindung zu erleichtern. Aber auch zum Austragen von Konflikten eignet sich das Medium. Zum einen können Sie die weichen Bälle jemandem an den Kopf werfen oder, noch besser, mit ihm eine Partnerjonglage machen, die auf spielerische Weise alle Aspekte des Konfliktes ans Licht bringt. Aber es gibt noch eine Vielzahl von weiteren Einsatzmöglichkeiten bis hin zum Darstellen komplexer Abläufe.

Sie merken, dass ich immer noch ganz begeistert bin, und so geht es allen unseren Mitarbeitern. Allein diese Art des Umgangs miteinander und mit sich selbst bringt so viele Ideen zutage, dass wir sie gar nicht alle umsetzen können und heute schon allein vom Verkauf unserer Ideen sehr gut leben könnten. Es ließ sich nicht vermeiden, dass wir heute in unserem Segment Marktführer sind, sich gleichzeitig aber auch immer neue Aufgabengebiete ergeben.

Das erfordert auch mehr Platz und daher planen wir auch gerade ein neues Firmengebäude, was vermutlich dazu führt, dass wir demnächst auch noch als Architekten auftreten. Aber Spaß beiseite, es geht dabei weniger um das Aussehen, sondern um die Anordnung und Gestaltung der Räume. Wir brauchen einfach mehr Rundes, mehr natürliche Bewegung in der Form. Außerdem hat unser Kollege mit der Jonglieridee schon wieder etwas Neues hereingebracht. Er setzt Bogenschießen für Zielfindungsprozesse ein. Dafür wollen wir im neuen Unternehmen einen entsprechenden zentral gelegenen Platz integrieren.

So, jetzt wissen Sie in groben Zügen, warum es hier so aussieht, und dass hier im Moment intensiv gearbeitet wird. Wollen Sie mir jetzt verraten, was Sie hier gerne täten?"

Kein Schluss – ein Anfang

Wir stehen am Anfang eines ebenso langen wie spannenden Forschungsweges, an dem teilzunehmen ich Sie ganz herzlich einladen möchte. Er geht nicht ohne Sie.

Machen Sie mit und reden Sie über Ihre Erfahrungen. Wir freuen uns über Ihre Reaktion.

Unter *www.innergame.de* erfahren Sie regelmäßig Neues über Inner Game, über Möglichkeiten und Ausbildungen.

Und unter *www.imfluss.de* finden Sie schließlich viele spannende Angebote, um als Mensch oder Unternehmen in Fluss zu kommen.

Mit anhängender Postkarte können Sie nähere Informationen anfordern, z.B. auch über unser Jonglierset zum Selbstlernen.

Meine Kollegen und ich freuen uns auf Sie, Ihre Meinungen, Anregungen und Fragen, die wir gerne beantworten!

Anhang

Abgrenzungen: Herkömmliches Lernen und Inner Game

Die folgenden Abgrenzungen sind pauschal und als Orientierung gedacht. Selbstverständlich gibt es auch außerhalb von Inner Game hervorragende Lernansätze. Die unter Inner Game genannten Kriterien sind als Zielsetzungen zu verstehen, die angestrebt, aber auch nicht immer erreicht werden.

Herkömmliches Lernen	Lernen mit Inner Game
Inhalt wichtig	Teilnehmer wichtig
vorgefertigt	gemeinsam entwickelt
Techniken, Methoden, Wissen	Rahmen, Spielraum
strukturierter Ablauf	Rahmen offen für Veränderung
Wirklichkeit des Lehrers, des Stoffes	Wirklichkeit der Teilnehmer
vorgegebene Themen	Themen aus der Realität der Teilnehmer
Begeisterung für Stoff, Methode, Trainer	Begeisterung für sich selbst
Suche nach Fehlern	Suche nach Lösungsmöglichkeiten
Vermeiden von Schwerem	Suche nach der Leichtigkeit
Lösen von Problemen	Verstärken der Potenziale
Erfolgsorientierung	Erlaubnis von Fehlern
Kritik unerwünscht	Kritik erwünscht
schwierige Situationen unerwünscht	schwierige Situationen willkommen
Druck und Zwang	Freiwilligkeit und Lust
Angst vor Misserfolg	Lust am Scheitern
Lehrer als Motivator und Vorturner	Lehrer als Rahmengestalter und Moderator
Konformität erwünscht	Individualität gefördert
anstrengend	belebend

durchbricht Widerstände	geht mit dem Fluss, mit der Energie
Spiel mit vorgegebenen Grenzen	Spiel mit eigenen Grenzen
Lehrer verantwortlich	Schüler verantwortlich
häufige Überforderung	jeder macht die Erfahrung, die gerade wichtig ist
fördert Abhängigkeit	fördert Unabhängigkeit
müde	wach
begabt und unbegabt	vielfältig
Intelligente und Starke haben Vorteile	alle haben Vorteile
Natur wird oft nicht wahrgenommen	intensives Erleben der Natur
Arbeit gegen die Natur	Einssein mit der Natur
Körper sitzt still	Körper in Bewegung
Körper spielt keine Rolle	Körper als Ratgeber und Spiegel
Spiel als Pausenfüller	Spiel als integrierter Bestandteil

Seminare mit Inner Game

Inner Game Institut

Das Inner Game Institut unter Leitung von Christian Maier bietet Seminare und Coachings für Menschen, die sich persönlich weiterentwickeln oder Inner Game in ihre Arbeit als Trainer, Lehrer oder Führungskraft integrieren möchten.

Das Inner Game Institut verfügt über ein Netzwerk von Inner Game Trainern und bietet für Interessierte:

- „Spielraum für Wesentliches" Inner Game Seminar, Dauer: 2,5 Tage

- Inner Game Aus- und Weiterbildung für Trainer, Lehrer und Führungskräfte

- Inner Game und Sport, z.B. Jonglieren, Skifahren, Golf, Tennis, Mountainbiking u.a.

Weitere Informationen:
INNER GAME Institut
Christian Maier
Klosterwaldstr. 13
79295 Sulzburg
Tel. 0 76 34-6 92 64
Fax 0 76 34-6 93 61
E-Mail: info@innergame.de

www.innergame.de

Die Imfluss AG

Die Imfluss AG ist ein Trainings- und Beratungsunternehmen, das auf professionelle, spielerisch-lebendige und herausfordernde Weise Unternehmen dabei unterstützt, in Fluss zu kommen. Damit schafft Imfluss Spielraum für Wesentliches und macht Menschen und Organisationen handlungsfähig.

Derzeit 12 Trainerinnen und Trainer (Vorstand: Christian Maier) mit unterschiedlichen Schwerpunkten bieten für Unternehmen Seminare, Coaching und Events zu folgenden Themen:

- Führung – wie bewege ich andere, sich selbst zu bewegen
- Team – miteinander statt gegeneinander
- Kommunikation – sich und andere besser verstehen
- Veränderung – Widerstände konstruktiv nutzen
- Krise – Krise als Chance
- Präsentation – der springende Punkt
- Strategie – den Ball ins Rollen bringen
- Coaching – ich komm raus
- Event – Varieté der Möglichkeiten

Weitere Informationen:
imfluss AG
Grunernerstr. 7
79219 Staufen
Tel. 0 76 33-9 33 48-0
Fax 0 76 33-9 33 46-11
E-Mail: boot@imfluss.de

www.imfluss.de

Über den Autor

Christian Maier (Jahrgang 57), verheiratet, vier Kinder, Unternehmer, Trainer und Autor, ist Inhaber des Inner Game Institutes und Vorstand der imfluss AG. Zu seinen Kunden gehören kleinere und große Unternehmen wie ABB, Lufthansa, Siemens, Telekom und andere.

Mit INNER GAME® entwickelte er eine aus dem Sport stammende Trainingsmethode für Führungskräfte, Teams und Organisationen weiter. Die Verbindung von Körper und Geist durch spielerische und bewegende Elemente führt dabei zu erstaunlichen Lernleistungen.

Ob in der Arbeit mit einzelnen Menschen oder mit Unternehmen, es geht in seiner Arbeit immer darum, innerlich und äußerlich in Bewegung zu kommen und festgefahrene Standpunkte loszulassen.

Christian Maier versteht sich als Lernkünstler und bevorzugt eine flexible, schnelle und lebendige Vorgehensweise. Wichtig ist ihm, wirkliche Kernpunkte herauszufinden und kreative Lösungen gemeinsam zu entwickeln.

Literaturliste:

Bevendorff, Sven: Jonglage und Improvisationstheater als spiel- und theaterpädagogische Möglichkeiten zur Erweiterung der Kommunikationskompetenz, Fachhochschule Kiel 1998

Buzan/Gelb: Die Kunst des Jonglierens, Knaur 1996

Dietrich, Reinhold: Nach innen laufen, Eigenverlag 1993

Finnigan, Dave: Alles über die Kunst des Jonglierens, DuMont 1988

Finnigan, Dave: Zen in der Kunst des Jonglierens, O.W. Barth 1993

Fischer, Theo: Wu wei, Rowohlt 1992

Gallwey, Timothy: Tennis und Psyche – das Innere Spiel, Wila 1977

Gallwey/ Kriegel: Besser Skifahren durch Inner-Training, Heyne 1981

Gallwey/ Green: Der Mozart in uns – the inner game of Music, Waldgut 1993

Gordon, Noah: Der Medicus, Knaur 1990

Hartmann, Olaf: Jonglage und Management - Erfolg begreifbar machen, NLP aktuell 4/94

Herkert, Rolf: Spurenwechsel – Mit „innerSki" Piste und Alltag neu erleben, Integral 1991

Huizinga, Johan: Homo Ludens – Vom Ursprung der Kultur im Spiel, Rowohlt 1956

Langholf, Markus: Loslassen – der Pfad des lebendigen Geistes, Sheema 1997

Maier, Christian: Erfolg durch Superlearning, Heyne 1987

McCluggage, Denise: Der innere Schwung, Ravensburger 1987

Rilke, Rainer Maria: Sämtliche Werke. Band 3, Insel Werkausgabe, Frankfurt a.M. 1975

Senge, Peter M.: Die fünfte Disziplin, Klett-Cotta 1996

Seiwert, Lothar J.: Mehr Zeit für das Wesentliche. Besseres Zeitmanagement mit der Seiwert-Methode, mvg 2001

Schneider, Dr. Harald, Ulm: Einige Gedanken im Kapitel „Unternehmen bewegen sich" sind von ihm.

Spang, Peter: Zennis – Verbessern Sie Ihr Tennisspiel mit Zen, Goldmann 1999

Yalom, Irvin D.: Und Nietzsche weinte, Bertelsmann 1996

Whitmore, John: Coaching für die Praxis, Heyne - Campus 1994

Verlag und Autor haben sich bemüht, alle Inhaber von Rechten zu ermitteln. Leider gelang dies nicht in allen Fällen.

Das neue Buch des Begründers der Inner-Game-Methode

W. Timothy Gallwey
Erfolg durch Selbstcoaching
Mit der Inner-Game-Methode zu mehr Balance im Beruf
Preis: € 14,80
ISBN: 3-8214-7613-3

Weitere Titel aus der Reihe jobs ▪ business ▪ future:

Robert Bauer / Tillmann Philippi
Einstieg ins E-Learning
Die Zukunftschance für beruflichen und privaten Erfolg
Preis: € 14,80
ISBN: 3-8214-7608-7

Jürgen Behrens
Erfolgsfaktor Qualitätsmanagement
Kundenzufriedenheit und Wirtschaftlichkeit –
Beispiele aus der Praxis
QMS-Organisationsvorlagen auf CD-ROM
Preis: € 19,80
ISBN: 3-8214-7605-2

Ariane Charbel
Schnell und einfach zur Diplomarbeit
Der praktische Ratgeber für Studenten
(2. Auflage)
Preis: € 14,80
ISBN: 3-8214-7616-8

Erfolg in der IT-Branche
Green Card & Co – Aus- und Weiterbildungen im Überblick
Preis: € 17,80
ISBN: 3-8214-7600-1

Heike Galensa / Vera Warnecke
Jobbörse Internet
1001 Top-Adressen
Preis: € 14,80
ISBN: 3-8214-7609-5

Joyce Martin
Erfolgreiches Personalmanagement
nach dem Modell der vielfachen Intelligenzen
Aus dem Englischen von Astrid Ogbeiwi
Preis: € 24,80
ISBN: 3-8214-7610-9

Dieter Mueller-Harju
Kompass 50 plus
Perspektiven für den beruflichen und persönlichen Neubeginn
Preis: € 14,80
ISBN: 3-8214-7607-9

Stephanie Müller
Kind + Computer
Ein Ratgeber für Eltern und Erzieher
Preis: € 14,80
ISBN: 3-8214-7604-4

Elke Pohl
Nie mehr Stress im Job
100 Tipps für entspanntes Arbeiten
Preis: € 14,80
ISBN: 3-8214-7611-7

Elke Pohl
Karriere-Knigge
100 Tipps für gekonntes Auftreten im Berufsleben
(2. Auflage)
Preis: € 14,80
ISBN: 3-8214-7615-X

Klaus Siebenhaar (Hrsg.)
Karriereziel Kulturmanagement
Studiengänge und Berufsbilder im Profil
Preis: € 14,80
ISBN: 3-8214-7612-5

Spielend lernen mit...

inner game

Senden Sie mir Informationen über

○ Selbstlernjonglierset „Der dritte Ball"
○ Inner Game Seminare
○ Inner Game Aus- und Weiterbildung
○ Firmenseminare Imfluss AG
○ Inner Game und Sport....

Besonders interessiere ich mich für

....

Absender:

Name: ....

Vorname ....

Straße ....

PLZ/Wohnort ....

E-Mail: ....

Tätigkeit: ....

Antwort

Inner Game Institut
Christian Maier
Klosterwaldstraße 13

D-79295 Sulzburg

Porto zahlt
Empfänger

inner game